W0280995

Das bietet Ihnen die CD-ROM

- Aufgaben und Lösungen
- Materialien
- Vokabelübungen
- Phrase Banks deutsch/englisch
- Tests
- Karriereplaner

Was ist eigentlich Small Talk? Materialien: Ideen für Gesprächsanfänge Phrase Bank: Socializing ToDo: Wie smalltalksicher sind Sie? **Small Talk in der Firma** Materialien: Since oder for Phrase Bank: Firmenbesuch ToDo: Gute Planung erleichtert Ihnen das Gespräch Vokabelübung: Besucher empfangen Grammatiktrainings mit Keywords (pont, position, time, business) **So führen Sie Small Talk weiter** ToDo: Trainieren Sie neu erlernte Begriffe	**Vertiefter Small Talk – Themen für längere Gespräche** Vokabelübungen Vokabellisten **So entwickeln Sie längere Gespräche** ToDo: Erzählen Sie eine Geschichte **So sprechen Sie über das Essen** Vokabelübungen Vokabellisten Zusatztrainings mit Lösungen **Freundlich Hilfe anbieten** ToDo: Überlegen Sie sich Alternativen zu Yes, No, Maybe

Überall, wo Sie das Icon sehen, finden Sie die Texte vollständig im DIN A4-Format auf der CD-ROM – direkt zum Übernehmen in Ihre Textverarbeitung.

Bibliografische Information Der Deutschen Bibliothek

Die Deutsche Bibliothek verzeichnet diese Publikation in der Deutschen Nationalbibliografie; detaillierte bibliografische Daten sind im Internet über http://dnb.ddb.de abrufbar.

ISBN 3-448-08630-0 Bestell-Nr. 01058-0001
© 2008, Rudolf Haufe Verlag, Freiburg i. Br.
Redaktionsanschrift: Postfach 13 63, 82142 Planegg
Hausanschrift: Fraunhoferstraße 5, 82152 Planegg
Telefon (089) 8 95 17-0, Telefax (089) 8 95 17-2 50
Internet: http://haufe.de, E-Mail: erste-hilfe@haufe.de
Redaktion: Jasmin Jallad
Alle Rechte, auch die des auszugsweisen Nachdrucks, der fotomechanischen Wiedergabe (einschließlich Mikrokopie) sowie der Auswertung durch Datenbanken oder ähnliche Einrichtungen, vorbehalten.
Umschlaggestaltung: Simone Kienle
Lektorat und DTP: Irmela Wedler, München
Druck: Bosch Druck, 84004 Landshut-Ergolding

Lisa Förster

Small Talk English

Typische Business-Situationen locker meistern

Inhalt

Was Ihnen dieses Buch bietet – Vorwort

Herzlich willkommen zu „Test & Training Small Talk English – Typische Business-Situationen locker meistern“!

Talken Sie gerne? Wenn Ihnen Small Talk Spaß macht, dann finden Sie in diesem Praxisbuch die notwendigen Vokabeln und Strukturen für eine gelungene Plauderei auf Englisch, außerdem ein paar praktische Tipps. Oder liegt Ihnen das Thema Small Talk schon lange im Magen, noch dazu auf Englisch? Dann sind Sie nicht alleine. Die meisten Deutschen können sich damit nicht anfreunden. Kein Wunder, denn Small Talk klingt bereits nach sinnentlehrtem Geplauder, das man höflichkeitshalber hinter sich bringen muss. Small Talk gilt als lästiges Übel, man konzentriert sich lieber auf die „entscheidenden“ Dinge. Diese Haltung erklärt die Forschung zur interkulturellen Kommunikation: Deutschland gehört zu den monochromen und ergebnisorientierten Ländern. In der Praxis bedeutet das, dass man nur ungern Zeit verschwendet und lieber „Erledigtes“ von seiner Liste abhakt.
Dabei übersehen wir aber, dass es sich sehr wohl lohnt, Zeit in eine vermeintlich oberflächliche Unterhaltung zu investieren: Small Talk ist ein unentbehrlicher Wegbereiter für den sogenannten „Big Talk“, denn ohne eine persönliche Basis entwickelt sich selten eine gute und dauerhafte Geschäftsbeziehung, vor allem im anglo-amerikanischen Sprachraum. Wir signalisieren unserem Gegenüber unser Interesse, unsere Aufgeschlossenheit. Wozu?, werden Sie fragen. „To fill the time pleasantly“, denn Schweigen gilt als unhöflich. Wer beharrlich schweigt, wird unter Umständen als arrogant empfunden. Man erwartet auch vor Meetings und Präsentationen höfliche, aufgeschlossene und unterhaltsame Konversation von Ihnen, sogar am Telefon tauscht man vor den eigentlichen Fakten Zwischenmenschliches aus.

Schlechte Nachrichten für Leute, die Small Talk einfach nicht mögen? Keineswegs, denn Engländern und Amerikanern wird diese Form der Gesprächskultur bereits in die Wiege gelegt. Es ist bedeutend einfacher, mit ihnen Small Talk zu betreiben als mit deutschen Landsleuten: Engländer halten instinktiv den Small Talk am Laufen, stellen Fragen und Gegenfragen, plaudern, erzählen Witze und Anekdoten. Alles, was Sie als guter Gesprächspartner tun müssen, ist aktiv zuhören: Sie reagieren interessiert und positiv, Kopfnicken und Mimik reichen oft schon aus. In der Kommunikation mit anderen Nationalitäten, die auf Englisch stattfindet, ist es ähnlich. Japaner und Italiener mussten ihr Business English auch erst lernen und wurden genau wie Sie auf den Small Talk vorbereitet.

Sie haben möglicherweise schon einige Jahre Englisch gelernt und können sich ganz gut über allgemeine Dinge verständigen. Auf diese Sprachkenntnisse wollen wir aufbauen, egal ob Sie gerade Ihre Ausbildung abgeschlossen haben oder ob Ihre Lernerfahrungen schon einige Jahre zurückliegen. Neben der Sprachkenntnis brauchen Sie für den Small Talk vor allem Taktik. Es geht nicht nur darum, sprachlich zu brillieren, Sie können Gespräche auch geschickt in eine bestimmte Richtung lenken und Ihren eigenen Input steuern – Sie entscheiden, ob Sie viel oder wenig sagen.

Anhand realistischer Dialoge wird die richtige Anwendung relevanter englischer Ausdrücke und Redewendungen veranschaulicht. Die ausgewählten Dialoge beziehen sich auf unterschiedliche Bereiche und Situationen, so dass Sie einen Einblick in die jeweils dort angebrachte Kommunikation erhalten.

Sind Sie bereit? Dann nichts wie ran an den Small Talk auf Englisch!

Wie Sie dieses Buch optimal für sich nutzen

Jedes Kapitel enthält eine Vielzahl an abwechslungsreichen Trainings und Tests und ist in sich abgeschlossen. Daher können Sie das Small Talk-Training auf Ihre individuellen Bedürfnisse abstimmen. Folgende Vorgehensweisen bei der Nutzung des Buches sind möglich:

Empfohlene Vorgehensweisen

- die vollständige von A-Z: Sie beginnen bei Kapitel „Was ist eigentlich Small Talk“ und enden bei Kapitel „Karrieretipps für guten Small Talk“
- die Feuerwehr: Sie bearbeiten vorrangig die Kapitel, die für Sie Priorität haben: Hat sich zum Beispiel ein wichtiger Besuch Ende nächster Woche angekündigt, der unbedingt mit Ihnen ein Fußballspiel besuchen möchte, beginnen Sie mit Kapitel Vertiefter Small Talk – Zuschauersport.

Welchen Ansatz Sie auch verfolgen, können Sie zu Anfang mit dem Selbsttest im folgenden Kapitel objektiv Ihren Standort bestimmen. So erfahren Sie, wo Ihre Stärken und Lücken im englischen Small Talk sind. Der Schwierigkeitsgrad der Trainings ist immer ähnlich. Das Buch lässt sich auch mit weniger guten Kenntnissen locker meistern. Das bedeutet aber nicht, dass auch Leser mit besseren Sprachkenntnissen nichts mehr dazulernen könnten. Gerade eingerostetes Wissen und Schulenglisch lassen sich mit Beispielen und Trainings aus der Praxis hervorragend auffrischen.

Zusätzlich enthalten das Trainingsbuch und die CD-ROM viele unterschiedliche Trainings, die jedem Lerntyp gerecht werden. Sie können die Übungen in beliebiger Reihenfolge bearbeiten.

Die einleitenden Texte und Anweisungen stehen auf Deutsch im Buch, damit Sie die Inhalte schnell und unkompliziert erfassen und einen Überblick gewinnen können. Sie sollen nicht schon bei der Erklärung entmutigt werden! In den deutschenglischen bzw. englisch-deutschen Phrase Banks auf der CD-ROM können Sie mit der Suchfunktion nach speziellen Wörtern suchen, Vokabeln gezielt wiederholen und ganze Sätze nach Ihrem individuellen Bedarf lernen und einüben.

Fünf Expertentipps

Tipp 1: Bestimmen Sie Ihr Arbeitstempo selbst: Am besten lernen Sie, wenn Sie entspannt und ausgeruht sind.

Tipp 2: Nützlich gegen die allgegenwärtige „Verschieberitis" ist es, eine feste Zeit für das Lernen einzuplanen, d.h. eine bestimmte Uhrzeit, einen festen Tag, als würden Sie einen Englischkurs außer Haus besuchen.

Tipp 3: Nutzen Sie bestehende Netzwerke: Suchen Sie sich einen Gleichgesinnten, mit dem Sie zusammen lernen können, oder Sie spannen Freunde und Kollegen in die eine oder andere Dialogübung ein.

Tipp 4: Üben, üben, üben: Dafür finden Sie sich reichlich Zusatzmaterial auf der CD-ROM. Drucken Sie sich die Übungen aus, am besten gleich drei Mal. Legen Sie sich ein Ringbuch an, in dem Sie die Übungen (und Lösungen) dann abheften. Schreiben Sie auf jedes ausgefüllte Blatt das Datum und bewerten Sie sich selbst. Auf dem Lösungsblatt vermerken Sie am besten mit Farbe, was Sie sich besonders merken wollen. Zu einem späteren Zeitpunkt können Sie am Füllungsgrad des Ringbuches sehen, wie fleißig Sie waren!

Tipp 5: Trotz aller Beflissenheit: Sehen Sie es nicht so eng! Guter Small Talk lebt von Freundlichkeit, Spontaneität und Aufgeschlossenheit. Es geht um Ihre Person und nicht um die Darstellung Ihrer Englischkenntnisse.

Ihr Karriereplaner

Realistische Ziele setzen

Mit dem Karriereplaner können Sie sich realistische Ziele setzen. Erfahrungsgemäß brauchen die meisten Menschen einen bestimmten Druck, um sich mit Material zum Selbstlernen auch tatsächlich so zu befassen, wie das beim Lernen in einem Kurs mit Lehrer und Mitstudierenden der Fall wäre. Viel lieber setzt man sich mit der Fernbedienung aufs Sofa, trifft sich mit Freunden oder telefoniert. Der Trick ist, sich selbst beziehungsweise den inneren Schweinehund zu überlisten: Sie dürfen gerne fernsehen, aber schalten Sie zumindest für eine halbe Stunde einen englischsprachigen Sender ein oder sehen Sie sich die DVD auf Englisch an (eventuell mit englischen Untertiteln, das ist leichter). Jede Art fremdsprachlichen Inputs dient Ihrem Karriereziel. Viele Tipps lassen sich leicht in den Alltag integrieren. Finden Sie heraus, was für Sie am besten funktioniert. Zettel und Mindmaps eignen sich für visuelle Lerntypen, auditive können sich Sätze und Wortschatz mit einem Diktiergerät selbst aufnehmen und beim Autofahren anstatt Musik oder Radio anhören. Das Wichtigste ist aber: Setzen Sie sich nicht mit einem unmöglichen Lernpensum selbst unter Druck. Kleine Schritte und ein langer Atem zahlen sich beim Sprachenlernen aus.

Auf der folgenden Seite finden Sie einen bereits ausgefüllten Karriereplaner, in dem einige Ziele und konkrete Schritte beispielhaft genannt werden.

CD-ROM

Ihre ganz persönlichen Ziele und Herangehensweise sehen anders aus? Kein Problem! Die CD-ROM enthält einen Karriereplaner, den Sie individuell und auf Ihre Bedürfnisse abgestimmt ausfüllen können.

Fangen Sie noch heute an und bleiben Sie am Ball!

Karriereplan für das Jahr

Für

Test & Training

Karriereziel 1:

→ Hemmungen überwinden und Kenntnisse auffrischen

1. Regelmäßig BBC, CNN News hören/sehen
2. DVDs im englischen Original ansehen, als Hilfe englische Untertitel anzeigen lassen
3. Dialoge brainstormen, vokabelmäßig vorbereiten und üben
4. Eine typische Arbeitssituation auf Englisch durchspielen und eine Aufnahme davon machen
5. Besuch von Englischkursen – firmenintern oder an VHS, IHK, Sprachinstituten
6. ______
7. ______
8. ______
9. ______

Karriereziel 2:

→ In bestimmten Situationen reagieren können

1. Zuhören, sobald Sie andere auf Englisch smalltalken hören (Flughafen, Messe ...)
2. Auch den eigenen deutschen Small Talk unter die Lupe nehmen, verbessern und üben
3. Lerntipps umsetzen
4. Üben, üben, üben
5. ______
6. ______
7. ______
8. ______
9. ______
10. ______

Ihre Schritte zum Ziel

Karriereziel 3:

→ Sprechsituationen gezielt herbeiführen

1. Im Urlaub aktiv auf andere Englisch sprechende Personen zugehen
2. Regelmäßiger gemeinsamer Lunch mit ausländischen Kollegen/Besuchern
3. Freizeitaktivitäten mit ausländischen Projektmitarbeitern
4. ______
5. ______
6. ______
7. ______
8. ______
9. ______
10. ______

Ihre Schritte zum Ziel

Karriereziel 4:

→ Sorglos und sicher plaudern

1. Mit gleichgesinnten Freunden beim Ausgehen Englisch sprechen
2. Just for fun jemanden ansprechen
3. Korrespondieren Sie mit Gleichgesinnten auf Englisch
4. Nutzen Sie Ihr bestehendes Netzwerk, um eine Interessensgemeinschaft zu gründen
5. ______
6. ______
7. ______
8. ______
9. ______
10. ______

Ihre Schritte zum Ziel

Selbsttest: Small Talk English

In diesem Selbsttest können Sie Ihren aktuellen Wissenstand überprüfen. Kreuzen Sie die Möglichkeiten an, welche Sie für die richtige/n halten. Dem Test folgen Musterlösungen, die Ihnen nicht nur sagen, welche Angaben die korrekten sind, sondern auch die Gründe aufzeigen.

Manchmal sind mehrere richtige Antworten pro Frage möglich. Den Test finden Sie auch auf der beiliegenden CD-ROM, so dass Sie ihn ausdrucken und am Blatt bearbeiten können. Versuchen Sie, den Test innerhalb von 20 Minuten durchzuführen.

Selbsttest: Wie gut ist Ihr Small Talk-English?

Kontakt aufnehmen, sich vorstellen und erster Small Talk	**ja**	**nein**
1. Sie stehen in der Konferenzpause an der Bar und möchten die Dame neben sich ansprechen. Sie nehmen Blickkontakt auf und sagen: a) Do you come here often? b) Interesting event, isn't it? c) Hi, I'm Peter, what's your name? d) Excuse me. Can I take a look at your programme?		✓
2. Auf einer Vernissage sehen Sie jemanden, der Ihnen bekannt vorkommt. Sie wissen aber nicht mehr, woher Sie die Person kennen. Sie gehen auf sie zu und sagen: a) Hi old house, how are you? b) I think we've met somewhere before. By the way, I am Veronica Burmeister. c) Aren't you Mr Winterbottom? You look familiar.		

Checkliste

Kontakt aufnehmen, sich vorstellen und erster Small Talk	**ja**	**nein**
3. Welche Sätze können Sie in den ersten fünf Minuten eines Small Talk verwenden? a) Is this your first time in Middle Fritham? b) Are you married? c) So, what was the weather like in Tokyo when you left?		
4. Der neue Abteilungsleiter wird Ihnen vorgestellt (*This is Dr John Hesketh-Fortescue*). Was sagen Sie darauf? a) Oh, hello, who are you? b) Nice to meet you, I am Barbara Schmidt. c) How do you do, Dr Hesketh-Fortescue.		
5. Was antworten Sie auf *How is your hotel?* a) It's a nice family-run place in the city centre. b) Very comfortable, thanks. c) Lousy.		
6. Welche Themen eignen sich für Small Talk? a) Die Menschenrechtssituation in China b) Die Fußball-Europameisterschaft c) Mein momentaner Kontostand d) Reisen, andere Länder, Hobbys		

Interesse zeigen, Fragen stellen und über sich selbst sprechen	**ja**	**nein**
7. Auf die Frage *How do you know Margaret?* (die Gastgeberin) antworten Sie: a) I know her very well. b) We met at a teachers' conference in Monaco last year. c) Margaret who?		
8. Wie fragen Sie, wie lange Ihr Gesprächspartner bereits bei seiner momentanen Firma arbeitet: a) How long have you been with ACME?		

Interesse zeigen, Fragen stellen und über sich selbst sprechen	**ja**	**nein**
b) How long are you with ACME? c) How long were you with ACME?		
9. Sie plaudern gerade angeregt über Sport. Welche Aussagen sind sprachlich richtig? a) I go to the fitness studio every day. b) Do you work out in a gym? c) My husband and I love cycling.		
10. Jetzt möchten Sie mehr über Ihre Familie erzählen. Welche Aussagen sind in Ordnung? a) We live in the suburbs in a 100 square metre house. b) My niece has got a guinea pig, too. c) I would never put a child in a crèche.		
11. Wie kommentieren Sie die Erzählung Ihres Gesprächspartners: *... and then we hiked across the Alps. Took us just 12 days to Venice ...* a) Wow, that's fantastic! b) So? c) Did you?		

Im Restaurant	**ja**	**nein**
12. Sie möchten mit Ihrem Geschäftspartner zum Lunch und schlagen ihm einige Restaurants zur Auswahl vor: a) The Italian restaurant has a fantastic kitchen and card. b) There's a very good Indian restaurant round the corner where we could sit outside. c) It gives a nice Thai restaurant. You can eat excellent pig legs there.		
13. Welches Gericht auf der Liste ist kein Fischgericht? a) Sole in lemon butter b) Baked trout with horseradish		

Im Restaurant	**ja**	**nein**
c) Venison and mushroom pie d) Almond cod with chips		
14. Wie wünschen Sie „Guten Appetit“: a) Bon appétit! b) Good appetite! c) Enjoy your meal! d) Dig in!		
15. Welche Begriffe bedeuten, dass das Essen gut riecht? *The food smells ...* a) terrific b) excellent c) off d) too good to be true		
16. Noch ein Nachtisch gefällig? Wie motivieren Sie Ihren Gesprächspartner dazu? a) How about a dessert? b) Let's go for desert! c) Would you care for some pudding?		
17. Jetzt ist es Zeit für die Rechnung. Wer zahlt im Restaurant und wie? a) Let's split the bill b) This is on me c) I want to pay		

Bitten, sich entschuldigen, verabschieden	**ja**	**nein**
18. Sie haben Ihr Mobiltelefon im Auto vergessen und bitten Ihren Geschäftspartner, ob Sie sein Telefon benutzen dürfen: a) Would you give me the phone? b) Would you mind me using your mobile for a second? c) Can I telephone with your handy?		✓

Bitten, sich entschuldigen, verabschieden	ja	nein
19. Sie sind in einem Meeting. Ihr Flug geht in 90 Minuten. Wie machen Sie Ihren Gesprächspartnern klar, dass Sie jetzt weg müssen? a) Right, that's it. I'm going now. b) Oh, look at the time! I'm flying out in 90 minutes. c) I'm afraid I really must be going. My flight is in about an hour.		
20. Wie können Sie ein Angebot höflich ablehnen? a) I'm not really into football, I'm afraid. b) I don't feel like chocolate right now. c) Froglegs are not my cup of tea.		
21. Jemand bedankt sich bei Ihnen. Sie antworten: a) Please. b) Not at all. c) You're welcome. d) Aha (und nicken mit dem Kopf).		
22. *Do you want me to organise a hotel room for you?* Was ist hier gemeint? a) Ich mache das selbst. b) Jemand bietet mir an, das für mich zu tun.		

Sprachliche Aspekte	ja	nein
23. Wenn ich auf Englisch sage' *that's a piece of cake*, meine ich damit: a) Wow, das ist aber mal ein riesiges Kuchenstück! b) Das ist ja ganz kinderleicht. c) Ich nehme gerne ein Stück.		✓
24. Kennen Sie sich mit *phrasal verbs* aus? Welcher Satz ist richtig, welcher nicht? a) We had to bring our trip forward to Easter. b) Just bring your friend with you to the party. c) I was born and brought up in Achltown.		

Sprachliche Aspekte	ja	nein
25. Welcher Satz ist richtig, wenn ich meine Bewunderung für Chris' Kochkünste ausdrücken möchte: a) Chris really is an excellent cookie. b) Chris really is an excellent cooker. c) Chris really is an excellent cook.		
26. Do oder make? Welche dieser Wörter werden mit *make* verwendet? a) me a favour. b) a noise. c) an excuse.		
27. Kennen Sie sich mit englischen Sprichwörtern aus? Welche Sprichwörter sind richtig? a) Don't put all your eggs in one cake b) Every cloud has a silver lining c) All that glitters is not gold d) You can't have your cake and eat it.		
28. Phrasal Verbs: Welche der folgenden Antworten bedeutet „ablehnen": a) He turned her invitation down. b) He turned her invitation away. c) He turned her invitation over.		

Testauflösung

Testauflösung Kontakt aufnehmen, sich vorstellen und erster Small Talk

1. b) und d) sind mögliche richtige Antworten: Sie beziehen sich am besten auf das Ereignis. a) macht in diesem Fall keinen Sinn, außer Sie fragen *Do you often go to this type of con-*

ference? c) ist viel zu direkt und aufdringlich für diesen ersten Schritt der Kontaktaufnahme.

2. b) sehr gelungener Einstieg, perfekt, sich auch gleich selbst vorzustellen c) ist auch in Ordnung a) ist nicht möglich, Gesprächspartner wird vor den Kopf gestoßen.
3. a) absoluter Standard, ebenso c) üblicher und höflicher Gesprächseinstieg b) ist für die ersten fünf Minuten zu direkt.
4. c) ist absolut richtig und förmlich b) ist etwas lockerer und angebracht, wenn Ihr Name noch nicht gefallen ist a) die Antwort ist widersinnig und unhöflich obendrein, da die Person bereits namentlich genannt wurde.
5. c) mag zwar ehrlich sein, aber eine derart negative Antwort dürfen Sie nicht geben. Zudem würgt eine knappe Antwort in einem Wort jeden Gesprächsfluss ab. a) und b) sind korrekt.
6. b) und d) eignen sich für Small Talk. a) Kontroverse Themen sollte man lieber nicht anschneiden, bevor man sein Gegenüber nicht besser kennt. c) Die eigenen Finanzen sollten nie ein Thema sein.

Testauflösung Interesse zeigen, Fragen stellen und über sich selbst sprechen

7. b) ist perfekt. Sie geben Auskunft und geben mögliche Themen für das weitere Gespräch vor. Mit a) haben Sie die Frage falsch verstanden, für diese Antwort hätte die Frage lauten müssen *Do you know Margaret well?* c) Nur ein Träumer weiß nicht, wie seine Gastgeberin heißt!
8. a) ist die richtige Antwort im Present Perfect b) ist nicht korrekt, man deutet mit der Gegenwart an, wie lange jemand in naher Zukunft noch dort arbeiten wird. Bei c) arbeitet die Person längst woanders, Past Tense bezieht sich auf einen abgeschlossenen Zeitraum in der Vergangenheit.
9. In a) ist der Ausdruck „fitness studio“ eine direkte Übersetzung aus dem Deutschen und wird im Englischen nicht ver-

wendet. Auf Englisch sagen Sie *gym*, b) und c) sind absolut in Ordnung.

10. b) ist korrekt, a) hat einen Schönheitsfehler: Engländer beschreiben ihr Haus nicht in Quadratmetern, sondern mit der Zahl der Schlafzimmer: *we have a 3 bedroom house*. c) Vorsicht! Sprachlich in Ordnung – eine crèche ist eine Kinderkrippe, aber vielleicht zu direkt für den Small Talk. Sie können Ihre Meinung sagen, aber so würden Sie zu hart klingen. Im Zweifelsfall umformulieren *I don't think I would* ... oder sich kontroverse Statements verkneifen.
11. c) können Sie verwenden, sollten Ihrer Stimme einen fragenden bzw. bewundernden Ton geben. a) ist hervorragend, aber b) ist sehr unhöflich „ja und?", auf diese Art lässt sich der Small Talk nicht freundlich aufrecht halten.

Testauflösung Im Restaurant

12. b) sehr guter Vorschlag! a) keine gute Idee: für die Karte sagt man *menu* und die Küche als kulinarische Stilrichtung heißt *cuisine* – als *kitchen* bezeichnet man lediglich den Ort wo gekocht wird c) nein, so nicht: *it gives* ist nicht die Übersetzung für „es gibt" (*there is*), ein *pig* lebt noch, Schweinfleisch wird als *pork* bezeichnet.
13. Außer c) sind alles Fischgerichte. c) ist ein Pie mit Wild und Pilzen a) Seezunge b) Forelle mit Meerettich und d) Kabeljau mit Mandeln.
14. Alles außer b) können Sie sagen. d) ist sehr umgangssprachlich, vielleicht auch nicht bei einem offiziellen Dinner zu verwenden.
15. a), b) und d) riechen sehr gut, c) leider nicht. *The food is off* bedeutet verdorben, schlecht geworden.
16. a) ist richtig – bei b) bieten Sie gerade die Wüste an – *desert* mit einem „s". c) ist grammatikalisch ebenfalls richtig, aber es ist sehr, sehr britisch, das Dessert als „*pudding*" zu bezeichnen – „*pudding*" kann übrigens auch Eiscreme oder Obst sein.

17. a) ist in angelsächsischen Ländern bei Geschäftsessen nicht üblich. Einer zahlt normalerweise für alle. c) Sehr holprig und unhöflich: wenn schon, dann ohne *want* mit *I would like to* b) ist korrekt.

Testauflösung Bitten – Entschuldigen – Verabschieden

18. b) ist goldrichtig: vielleicht hat Sie das *me* gestört – *my* wäre auch möglich – auf Englisch drückt man sich für den deutschen Geschmack recht umständlich aus a) ist für eine Bitte dieser Art zu unhöflich c) ist sprachlich sehr ungeschickt, auch nicht höflich genug „Handy" heißt in Großbritannien *mobile phone* und in Amerika *cell phone.*
19. c) bestens: sich erst entschuldigen, dass man los muss und einen Grund dafür angeben b) auch möglich, etwas legerer, besser mit *I'm afraid I'm flying …* a) kommt nicht infrage – stößt alle vor den Kopf.
20. a), b) und c) sind alle ausgezeichnet.
21. b) und c) sind die richtigen Lösungen. a) ist die wörtliche deutsche Übersetzung und falsch. d) besser als keine Reaktion – diese saloppe Version kann man in informellen Situationen nutzen.
22. b) Die andere Person bietet mir an, mir diesen Gefallen zu tun und ein Hotelzimmer für mich zu suchen.

Testauflösung Sprachliche Aspekte

23. b) ist richtig: Sie meinen, eine Aufgabe oder Tätigkeit ist gar nicht schwer. a) und c) sind leider falsch.
24. a) ist korrekt, im Sinne von vorverlegen b) ist richtig, es wäre aber auch möglich: *bring your friends along.* c) Der Satz ist ebenfalls richtig, ich bin in Achltown aufgewachsen.
25. c) ist die einzig richtige Variante; in a) ist Chris ein Keks (AE cookie) und bei b) der Herd.
26. Sie sagen *can you* do *me a favour?*, aber *make a noise* und *make an excuse.* b) und c) sind korrekt.

27. b), c) und d) sind richtig, bei a) ist das *cake* falsch: *Don't put all your eggs in one basket* wäre die korrekte Antwort gewesen.
28. a) ist die richtige Lösung. *To turn away* bedeutet „sich abwenden, wegdrehen", in eine andere Richtung gehen, *to turn s.th. over*, „etwas umdrehen".

Dann kann es jetzt richtig losgehen! Wenn Sie keinen bestimmten Lernbedarf haben wie zum Beispiel einen Besucher zu empfangen, weil das bei Ihnen als Erstes auf dem Plan steht, dann empfiehlt es sich, ein Kapitel nach dem anderen durchzuarbeiten. Viel Erfolg!

Was ist eigentlich Small Talk?

Small Talk hat viele Facetten. Das Oxford Dictionary definiert ihn als „polite conversation about ordinary subjects, especially at social occasions". Auch diese Beschreibung deckt ein weites Feld ab, das von höflichen Standardfragen und -antworten bis zu einer eingehenden Diskussion des eigenen Teams bei der Fußball-Weltmeisterschaft reicht.

Das folgende Mindmap gibt einen strukturierten Überblick:

Mindmap

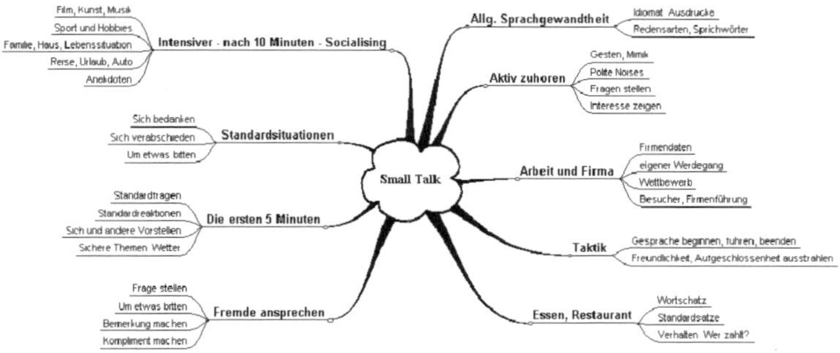

Fremde Menschen ansprechen

Fremde Menschen einfach ansprechen ohne „vernünftigen" Grund? Das mag Ihnen Angst einjagen oder komisch vorkommen, aber Engländer oder Amerikaner empfinden es genau umgekehrt. Ihnen ist es ein Gräuel, einen ganzen Flug neben einem Fremden zu verbringen, zu dem sie nur „Guten Morgen" gesagt haben. Selbst wenn sie Schlange stehen, ist es wahrscheinlich, dass sie ins Gespräch kommen.

Im Folgenden finden Sie mehrere kurze Dialoge, in denen es darum geht, wie man bei zufälligen Begegnungen die ersten Sätze miteinander wechselt.

Im englischsprachigen Raum üblich

Praxis-Beispiel

Verschiedene Dialoge

Dialog 1

9 Uhr, erster Tag einer Konferenz. Tom stellt sich an einer der langen Schlangen für die Akkreditierung an. Verunsichert fragt er die Dame vor sich:

Tom: „Excuse me, is this the queue for registration?"

Sandra: „Yes. This is for surnames up to K."

Tom: „Oh good. My name is Kaminski."

Sandra: „Have you come far?"

Tom: „Yes. I'm based in Murmansk at the moment."

Sandra: „Oh really? Must be quite cold already."

Tom: „Yes, we had the first snow in October."

Dialog 2

Tom scheint eine echte Plaudertasche zu sein. Wenig später, Raum 73. Fast alle Plätze im Vortragsraum sind bereits besetzt.

Tom: „Excuse me. Is this your bag?"

Chris: (schaut kurz hoch) „Yes." (Er nimmt die Tasche vom Sitz neben sich, liest weiter in seinem Programmheft.)

Dialog 3

In der Mittagspause. Tom steht hinter Inge am Buffet an.

Inge: „That salmon looks delicious."

Tom: „Can I pass you some?"

Inge: „No thanks, I think I'll go for the beef."

Tom: „Don't you worry about what's in it?"

Inge: „Oh heavens no, it's Scottish beef. A short life, but a happy one."

Tom: „So, you work for Milton Enterprises?"

Inge „Yes, but how do you know?"

Tom: „Well, it says so on your badge."

Inge: „Oh, how silly of me. Yes, I've been with Milton for about six years now."

Dialog 4

Wechseln wir den Ort. Franz und Phil sind auf dem Rückweg von einem Meeting in Stockholm. Im Flugzeug hatten sie sich bereits

Praxis-Beispiel

oberflächlich gegrüßt und angelächelt, so dass einer kleinen Plauderei eigentlich nichts mehr im Weg stehen sollte. Eine Flugbegleiterin erklärt gerade die Sicherheitshinweise.

Franz: „Sometimes you feel you could just recite the demonstration word for word, don't you?"

Phil: „Yes, it's all very familiar, isn't it?"

Franz: (spricht leise im Duett mit der Flugbegleiterin) „... in the unlikely event of a loss of air pressure ..."

Phil: (setzt amüsiert ein) „Yes, 'oxygen masks will fall from the overhead ...'"

Phil hat nicht bemerkt, dass die Stewardess plötzlich neben ihm vorbeigeht.

Stewardess: „I see, so next time you might just take over?" (Alle drei lachen. Dann fährt die Stewardess im Hintergrund fort.)

Phil: „I mean, you could say it in your sleep, couldn't you?"

Franz: „Absolutely. So, are you also travelling on business?"

Training 1: Taktiken erkennen

5 Min.

Nachdem Sie die vier Dialoge gelesen haben, können Sie sicherlich notieren, welche Taktik zum Ansprechen genutzt wurde.

Lösung

Lösung 1: Taktiken erkennen

Dialoge 1 und 2: (Sachliche) Fragen stellen Dialoge 3, 4: Bemerkung zur unmittelbaren Umgebung

Ob die ersten Sätze, mit denen man ins Gespräch kommt, das Eis wirklich brechen, ist nicht immer sicher. Tom setzt *Icebreaker* souverän ein und nur in einem Fall stößt er auf einen Gesprächspartner, der blockt. Durch die knappen Antworten ohne einen weiteren „Aufhänger“ bekommt Tom keine Gelegenheit, den Small Talk anzufangen. Chris möchte sich offensichtlich nicht unterhalten. Er gibt ein deutliches Signal dafür, indem er sich gleich wieder seiner Lektüre zuwendet. Es wäre unhöflich von Tom, ihn trotzdem in ein Gespräch zu verwickeln. Täte Tom es dennoch, könnte sich Chris mit einem *I'm sorry, I really need to do some reading* aus dem Gespräch verabschieden.

Das Eis brechen

Es ist nie verkehrt seine Umgebung auszunutzen, wenn man einen Eisbrecher sucht. Eine Bemerkung zu dem, was um einen herum geschieht, bietet den idealen Einstieg in ein Gespräch, das Franz und Phil geschickt und humorvoll führen.

Experten-Tipp

Gesprächsaufhänger suchen

Sehen Sie sich um. Nehmen wir an, Sie befinden sich im Büro Ihres Geschäftspartners. Suchen Sie nach Gesprächsaufhängern. Gibt es persönliche Gegenstände, Fotos, Fenster mit Aussicht? Benutzen Sie, was Sie sehen – machen Sie eine Bemerkung oder stellen Sie eine ungezwungene Frage.

- I've also got a doberman. His name is Willy.
- What a lovely view!
- Are these your children? Lovely! How old are they? What are their names?

Im Shuttle-Bus

Praxis-Beispiel

Tom Niedermaier ist auf dem Weg vom Flughafen Heathrow in die City von London. Er lächelt die Dame an, die gerade in den Bus eingestiegen ist und stellt seine Tasche vom Sitz auf den Boden, so dass sie sich setzen kann.

Frau: (lächelt) „Thanks very much, that's fine."

Tom: „Sorry, there's never much room on these buses, is there?"

Frau: „No, they obviously expect people to travel without any luggage at all, don't they?"

Tom: „Or without any legs!" (Beide lachen.)

Frau: „Well, luckily I'm not very tall so it's not really a problem for me."

Tom: „Do you fly a lot?"

Frau: „Well, I suppose it's usually a couple of times a month, so that's not too bad. What about you?"

Tom: „I tend to have to go somewhere just about every week. Sometimes when I wake up in the morning I've no idea where I am!"

Frau: „'If it's Tuesday, it must be Rome' sort of thing?"

Tom: „Exactly! What day is it?"

Frau: (lacht) „Tuesday, I think!"

Tom: „Well, I've got a meeting in London then. And tonight I'm flying back to Berlin. Have you been there?"

Frau: „Actually, I was in Berlin last month. It's quite nice, I think. And it's a lot easier to get into the city than it is in London."

Tom: „That's true. It's a pity there isn't a better train service."

Frau: „You can say that again!"

Tom: „Although it's a wonderful city to visit, isn't it?"

Frau: „Sure. I wish I just had a bit more spare time to enjoy it all."

Training 2: Icebreaker verwenden

5 Min.

Welcher Icebreaker wurde hier verwendet und wie entwickelte sich das Gespräch weiter?

Lösung

Lösung 2: Icebreaker verwenden

Der Gesprächsaufhänger ist nonverbal: Tom hat der Dame Platz gemacht, sie bedankt sich, worauf Tom sich noch einmal entschuldigt. Er schließt daran eine Bemerkung zur näheren Umgebung an und bringt die Dame zum Lachen. Als Thema nach der Kontaktaufnahme eignet sich *Travel talk* ideal für Small Talk (*Do you fly a lot?*): eigene Erlebnisse, Anekdoten, Orte, an denen man schon einmal selbst war oder von denen man erzählt bekommen hat. Den meisten fällt dazu etwas ein. Gleichzeitig kann man beliebig Persönlicheres streifen, wenn der Gesprächspartner sympathisch und angenehm ist.

Fazit: Tom gibt uns ein hervorragendes Beispiel für einen mühelosen und humorvollen Small Talk, der ganz von selbst läuft.

Experten-Tipp

Ideen für Gesprächsanfänge

- Um einen Gefallen bzw. eine Auskunft bitten: *Can I take a look at your programme? Is this your bag? Is this the queue for registration?* Und die einfachste Version: *Have you got the time, please?*
- Hilfe anbieten: *Shall I help you with your bags?*
- Sich entschuldigen: *I'm sorry my bag is in your way.* Aber Vorsicht: Wenn sich jemand bei Ihnen (anscheinend) grundlos entschuldigt, sagen Sie am besten auch *sorry.* Würden Sie mit *it's alright* oder *it's ok* reagieren, könnte sich der andere beleidigt fühlen, da Sie ihm mit diesen Worten eine Schuld zuweisen.
- Ein Kompliment zu einem Gegenstand machen: *I like your watch! This shirt looks good on you!* Briten und Amerikaner machen öfter beiläufige Komplimente als Deutsche. Allerdings wird nicht erwartet, dass ein Kompliment sofort zurückgegeben wird. Im Gegenteil, das ist eher peinlich. Man sagt: *Thank you* und macht dann eine sachliche oder erklärende Bemerkung. Das ist nicht nur höflich, sondern baut auch eine Brücke für die Fortführung des Gesprächs: *I like your bag. – Thank you. My husband got it for me in New York.* Und schon könnte man über New York plaudern.

- Ein Kompliment zu einer Leistung, Aktion, zum Können machen: *I really loved the way you explained ...* Achtung: Ein Kompliment muss immer ernst gemeint sein!
- Bemerkung zu einer gemeinsam erlebten Situation, wie es Franz im Flugzeug getan hat: *You could just recite the demonstration word for word, couldn't you?* Oder: *A little crowded in here, isn't it?* Auch eine Bemerkung zur gemeinsamen Umgebung ist hilfreich: *I'm really enjoying this party. How about you? What a fantastic view! Don't you think?*
- Auf einer Party oder einer Firmenfeier können Sie Unbekannte auch fragen, woher sie den Gastgeber kennen, welche Verbindung sie zu ihm/ihr haben: *How do you know Sarah?*
- Verknüpfen eines Statements mit einer Frage, die eine Reaktion hervorruft, zum Beispiel *What a beautiful day! Summer is truly my favourite season. What is yours?* Oder: *what a great conference! Which sessions did you go to?* Oder: *Your lawn looks so green. What's your secret?*
- Einfühlungsvermögen zeigen, beim Gegenüber Sympathie schaffen, vor allem wenn der Small Talk weitergehen soll/Übergang vom sogenannten „chit-chat" zu einem ernsteren Thema: Sie leben in Russland! Da muss es aber schon kalt sein! *Must be quite cold there already.*

Small Talk in der Firma

Arriving in reception – am Empfang eintreffen

Schon auf dem Weg zu einem Termin fühlt man sich sicherer, wenn man sich die ersten Sätze bereits zurechtgelegt hat.

Training 3: Sätze sortieren

10 Min.

Bringen Sie das Gespräch zwischen der Rezeptionistin und Samantha in die richtige Reihenfolge!

a) Thank you.

b) Okay, thanks, if you'd just like to take a seat and help yourself to some coffee from the machine over there, Ms Larson. I'll call Mr Smith and tell him you're here.

c) Good morning, how can I help you?

d) I'm sorry, I didn't catch your name.

e) Oh, okay, thank you. Sorry, would it be at all possible to use your bathroom* quickly?

f) Ms Larson, Mr Smith will be down in a few minutes. And can you sign in here, please? Here's your visitor's badge.

g) I have an appointment with Dr. Grizmek at 10.30. My name is Samantha Larson.

h) Of course. Go through that revolving door**, it's the first door on the left.

i) Okay, that's fine, thank you.

j) It's Larson, Samantha Larson.

*das Wort toilet versucht man zu vermeiden. Sagen Sie in den USA restroom oder bathroom, in Großbritannien bathroom or th*e ladies/the gents;* **Drehtür

Lösung 3: Sätze sortieren

Die richtige Reihenfolge der Sätze lautet: c, g, d, j, b, i, f, e, h, a.

Vokabelfallen Treppe, Aufzug, Besucherausweis

Analysieren Sie Ihr Umfeld: Welche Vokabelfallen warten auf Sie? In unserem Beispiel die Wörter Drehtüre, Toilette, Besucherausweis. Hätten Sie gewußt, wie Sie sie übersetzen? Schlagen Sie Vokabelfallen im Vorfeld nach, dann geraten Sie im Ernstfall nicht unter Stress und haben den Satz parat.

Unsere Rezeptionistin hatte den Namen nicht sofort verstanden und musste nachfragen. Das ist kein Beinbruch. Klären Sie solche Situationen immer sofort, dann kommen keine peinlichen Missverständnisse auf. Sprachlich haben Sie folgende Alternativen:

- Sorry, I didn't catch your name.
- Sorry, what was your name again, please?
- Could you tell me your name again, please?

Schicken Sie bei Nachfragen am besten immer ein „I'm afraid" oder „sorry" voraus, das ist sehr höflich.

Ein gelungener Empfang

Stellen Sie sich vor, Sie werden gebeten, den Besucher in das Besprechungszimmer im dritten Stock zu bringen.

6 Min.

Training 4: Was sagen Sie Ihrem Besucher?

Welche Small Talk-Phrasen wollen Sie verwenden? Schreiben Sie mindestens fünf Sätze hier auf:

Lösung 4: Was sagen Sie Ihrem Besucher?

Die Lösung finden Sie im folgenden Musterdialog. Lesen Sie den Dialog nun zweimal durch und versuchen Sie, verschiedene Phasen in diesem Gespräch festzumachen, zum Beispiel:

- Begrüßen, willkommen heißen, sich vorstellen
- Small Talk und Hinweis auf das, was nun folgen wird
- Small Talk „der ersten fünf Minuten“ auf dem Weg
- Beim Ankommen und Wohlfühlen behilflich sein: Mantel abnehmen, Getränk anbieten usw.
- Bevor Sie sich verabschieden: Lassen Sie den Besucher wissen, wo er Sie finden kann, falls er Ihre Hilfe benötigt oder Fragen hat.

Erste Begegnung

Rezeption: „Hallo Frau Forster, die Rezeption hier."

Rosalie Forster: „Hallo."

Rezeption: „Ich habe Frau Samantha Larson für Herrn Dr. Grizmek hier bei mir. Könnten Sie ihn bitte abholen?"

Rosalie: „Gerne, ich bin gleich da."

Rezeption: „Die Dame da drüben ist Samantha Larson, mit dem dunklen Mantel."

Rosalie: „Mrs Larson? Good afternoon. I am Rosalie Forster, Dr. Grizmek's assistant. Welcome to Droxheimer GmbH."

Samantha: „Thank you Ms Forster. Nice to meet you."

Rosalie: „Nice to meet you too. Did you have a good journey?"

Samantha: „It was fine, thank you. Before we go: do you think it's okay for me to leave my car outside?"

Rosalie: „No problem. You can leave it in the car park."

Rosalie (nach einer kleinen Weile): „So, is everything okay? And have you got your badge?"

Samantha: „Yes, thank you."

Rosalie: „We're on the third floor. I'm afraid we can't take the lift*, it's out of order."

Samantha: „No problem, after a night on the plane it feels good to move."

Praxis-Beispiel

Rosalie (während sie die Treppe hochgehen): „Is this your first time here?"

Samantha: „Yes, it is, actually. It's a shame** I can't stay a little longer."

Rosalie: „Maybe you can."

Samantha: „Yes, maybe. I'll just have to see."

Rosalie: „So, here we are on the third floor. It's the MONACO meeting room." (Sie gehen in den Raum hinein.) „Can I take your coat?"

Samantha: „Yes, thank you."

Rosalie: „And would you like something to drink?"

Samantha: „Some water would be nice, thank you."

Rosalie: „Sparkling or still?"

Samantha: „Still, please."

Rosalie (kommt mit einer großen Flasche wieder): „Here you are. I'm afraid Dr. Grizmek will take a little while. If I can do anything for you in the meantime, my office is just down the corridor on the left."

Samantha: „Thank you, that's alright, I'll just make a few phone-calls while I'm waiting. See you later."

Rosalie: „Sure. See you later!"

* US: elevator ** es ist schade

Wichtig ist vor allem, dass Sie sich für alle diese Schritte die entscheidenden Sätze bereits im Voraus zurechtlegen können. Falls Sie sich das noch nicht zutrauen, hilft Ihnen der folgende Tipp als Gedächtnisstütze oder um die Nervosität zu besiegen.

Experten-Tipp

Schaffen Sie sich Hilfsmittel

Bereiten Sie einen Spickzettel vor, wenn Sie sich sprachlich unsicher fühlen! Er kann ganze Sätze enthalten oder nur Stichworte wie *„trip"*, *„first time"*, *„weather"*. Dann wissen Sie, worüber Sie sprechen wollten. Nur wohin mit dem hilfreichen Zettel? Am besten nehmen Sie ihn in die Hand: Stecken Sie zwei Blätter in eine Klarsichthülle und legen Sie den Spickzettel obendrauf. In der Firma ist es kein Problem, wenn Sie scheinbar mit einer Akte herumlaufen.

Small Talk auf dem Weg

Die Einstiegssätze in den Small Talk aus dem folgenden Training eignen sich immer dann, wenn eine Stille überbrückt werden soll. Durch Ihre Nachfragen zeigen Sie Interesse an Ihrem Gegenüber und laden zum höflichen Plaudern ein.

Training 5: Formulieren Sie ganze Sätze

8 Min.

Üben wir das Ausweiten von Stichworten in ganze Sätze. Versuchen Sie, den ganzen Satz zu formulieren!

1. first time?
2. third floor.
3. no lift.
4. find ok?
5. journey?
6. follow – this way.
7. weather! ...?
8. staying?

Lösung 5: Formulieren Sie ganze Sätze

Lösung

1. Is this your first time here?
2. We're on the third floor.
3. I'm afraid we can't take the lift, it's out of order.
4. Did you find us alright/easily enough?/Did you have any trouble finding us?
5. How was your journey? Did you have a good trip over?
6. If you'd like to follow me – this way, please.
7. Nice weather, isn't it?/What's the weather like in L.A. right now?
8. How long are you staying?/Where are you staying?

Fragen stellen ist gut und wichtig. Doch wie reagieren Sie am besten auf die Antworten des Besuchers? So fragen Sie Ihren Gast, wie der Flug war: „*Did you have a good flight?*" Natürlich gibt es mehrere Möglichkeiten, darauf zu reagieren. Kennen Sie sie?

8 Min.

Training 6: Wie reagieren Sie?

Fügen Sie die geeignete Reaktion zu jedem Kommentar hinzu. Nr. 1 wurde bereits für Sie erledigt.

Antworten Ihres Besuchers	Ihre Reaktion
1. It was a bit bumpy.*	Oh really? (betroffener Ton)
2. We had an awful delay.	
3. There was a long wait at Heathrow.	
4. I should have arrived 3 hours earlier.	
5. Very smooth**, thank you.	
6. Yes, it was fine. Thanks for asking.	

* holprig **prima, glatt

Lösung

Lösung 6: Wie reagieren Sie?

2. I'm sorry to hear that. 3. Really? Why was that? 4. Oh dear, what happened? 5. Oh, good! 6. Good/great! I'm glad to hear it.

Vergessen Sie aber nicht, die Antworten Ihres Gegenübers auch mit den entsprechenden Lauten und passender Mimik zu würdigen: *Oh! Really? Okay! Right! Aha* (Stimme heben, Stirnrunzeln, Nicken usw.).

Experten-Tipp

Bereiten Sie sich mental vor

Indem Sie sich mental vorbereiten, werden Sie sich deutlich sicherer fühlen. Überlegen Sie vorab, was Sie im Small Talk sagen könnten. Überlegen Sie sich drei Fragen und machen Sie sich auch auf die Antworten gefasst, zum Beispiel: *„How was your journey?"*

Mit welchen Antworten können Sie rechnen? *Very good* und *Fine, thanks* sind natürlich erfreulich. Jetzt müssen Sie nur noch gut darauf reagieren. Aber wie? Am einfachsten mit *Good, Great* oder *I'm glad to hear that.* Bei *Delayed, Bumpy* oder *Oh, don't ask!* sagen Sie *I'm sorry to hear that* oder in betroffenem Tonfall *Oh dear, really?*

Kann ich noch etwas für Sie tun?

Sie haben Ihren Gast ins Konferenzzimmer gebracht – und was passiert jetzt? Wenn Sie wollen, können Sie gerne weiter mit ihm plaudern. Doch bestimmt wartet viel Arbeit und Sie möchten den Besucher gerne sich selbst überlassen. Oder Ihr Besucher hätte gerne ein paar Minuten für sich, entweder um sich auf das Meeting vorzubereiten oder um noch etwas zu erledigen. Was könnte er noch brauchen? Was sollten Sie sagen, bevor Sie sich verabschieden?

Training 7: Bevor Sie den Raum verlassen

7 Min.

Überlegen Sie sich drei sinnvolle Dinge, die Sie sagen könnten, bevor Sie den Besucher allein lassen!

Lösung 7: Bevor Sie den Raum verlassen

Hier finden Sie einige Vorschläge.

Deutsch	Englisch
Falls Sie irgendetwas brauchen, mein Büro ist den Gang hinunter auf der linken Seite.	If you need anything, I'm down the corridor on the left.
Rufen Sie mich einfach an. Meine Durchwahl ist die 342.	Just give me a call. My extension is 342.
Kann ich Ihnen noch irgendwie behilflich sein?	Is there anything else I can do for you?

Notieren Sie sich Infos über regelmäßige Besucher

Wenn Sie oft Besuch betreuen und es sich dabei stets um dieselben Personen handelt, legen Sie am besten eine kleine Kartei an. Tragen Sie deren Vorlieben und die Daten der jeweiligen Besuche hier ein. So können Sie Sympathiepunkte sammeln, wenn Sie sich dank Ihrer Gedächtnisstütze daran erinnern, dass Samantha Larson am liebsten Pfefferminztee trinkt und Frau Mayers die kalte Luft der Klimaanlage nicht verträgt.

Small Talk der ersten fünf Minuten

Sich selbst und andere vorstellen – darum kommt niemand herum, genauso wenig wie um den Small Talk der berühmten „ersten fünf Minuten“. Davor brauchen Sie sich nicht zu fürchten, es geht lediglich um den ritualisierten Austausch von höflichen Floskeln. Einige davon kennen Sie bereits aus Training 2. Ein gelungener Einstieg in ein Gespräch lässt sich leicht schaffen, wenn man diese Floskeln aus dem Effeff beherrscht.

Experten-Tipp

Händeschütteln

Händeschütteln ist in angelsächsischen Ländern beim ersten Treffen üblich. Drücken Sie die Hand fest, aber nicht mit einem „Knochenbrecher-Händedruck“. In den USA kann es passieren, dass man Ihnen mit der freien Hand zusätzlich auf die Schulter klopft.

12 Min.

Training 8: Formelhafte Wendungen

1. Sehen Sie sich den ersten Teil des Dialogs an und unterstreichen Sie alle formelhaften Wendungen, die zum Thema Vorstellen und Small Talk der ersten fünf Minuten gehören.

   Jörg Grizmek: „Helen, this is Samantha Larson from Coleman's in Redmond. Samantha, this is Helen Hunt, our Sales Manager."

   Samantha: „Hello Helen, it's a pleasure to meet you. Jörg has mentioned you a few times, so I knew the name. It's good to finally meet you in person."

   (Die beiden schütteln sich die Hände)

   Helen: „Likewise Samantha, it's a pleasure to have you here. How was your journey over from the States and did you find us easily enough?"

2. Der Ton dieser Vorstellungsrunde ist sehr casual. Manchmal braucht man aber ein formaleres Niveau. Welche der folgenden Sätze sind mit denjenigen, die Sie unterstrichen haben, bedeutungsgleich? Manchmal haben Sie mehr als eine Möglichkeit.

   a. It's good to put a name to a face.

   b. I'd like you to meet Samantha.

c. Pleased to meet you, too.

d. Helen, may I introduce Samantha Larson to you?

e. How do you do?

f. Helen, have you met Samantha Larson?

g. Nice to meet you!

Lösung 8: Formelhafte Wendungen

a) Sie sollten diese Sätze unterstrichen haben:

1. Helen, this is Samantha Larson.
2. It's a pleasure to meet you.
3. It's good to finally meet you in person.
4. Likewise, it's a pleasure to have you here.

b) Folgende Sätze korrespondieren miteinander:
1. b, d, f 2. c, e, g 3. a 4. c, e: hier handelt es sich um die Erwiderung der Formel, deshalb wäre g ohne „too" nicht richtig.

How do you do?

Achtung bei *How are you?* und *How do you do?* Nicht verwechseln: Mit *How do you do?* beantwortet man mit *How do you do?*, aber immer öfter hört man *Pleased to meet you*, aber auch mit *Nice (bzw. pleased) to meet you*. Die Floskel steht für „Schön, Sie kennenzulernen" oder „Angenehm". Sie ist sehr förmlich und wird nur beim ersten Kennenlernen verwendet. *How are you?* bedeutet Wie geht es dir/Ihnen? und wird mit *Fine, thank you, and you?* oder *Very well, thanks, and you?* beantwortet. Auch wenn es nicht so gut geht, die Antwort sollte stets *Fine* lauten, außer man kennt sich besser. In diesem Fall sind auch *So, so* und *Not so bad* sowie *Mustn't grumble!* (nur im UK – wenn Sie die Person besser kennen) und *Can't complain!* üblich.

Zu persönlicheren Themen übergehen

Nach der Vorstellung tasten beide Gesprächspartner das Terrain ab und versuchen, ein Thema zu finden, zu dem beide etwas zu sagen haben. Lesen Sie hier, wie es weitergeht:

Praxis-Beispiel

Where are you come from?

Helen: „Have you been to London before?"

Samantha: „I have been here before, but that was about 10 years ago. It seems quite a few things have changed since then."

Helen: „I guess you're right about that. Where are you from originally?"

Samantha: „I'm from Oxfordshire. I was born in Chipping Norton, but my parents moved to Birmingham when I was 5. I lived there for about 15 years, as you may still hear from my accent."

Helen: „Well, it's funny you should say that, it does sound sort of familiar to me. I grew up in Coventry, you know, ..."

Gemeinsamkeiten entdecken

Vom oberflächlichen Small Talk kann das Gespräch sehr schnell zu persönlicheren und privaten Dingen übergehen. Gemeinsamkeiten aufspüren ist das beste Mittel gegen Sprachlosigkeit.

Ist Ihnen an diesem Dialog grammatikalisch etwas aufgefallen? Schauen Sie sich den folgenden Abschnitt einmal näher an.

Grammatik-Exkurs: Present Perfect

Schauen Sie sich die Zeiten in den folgenden Sätzen aus dem Dialog genauer an:

- *Have you been* to London before?
- *I have been* here before, but that was about 10 years ago. It seems quite a few things *have changed* since then.

Wirkung in der Gegenwart

Das Present Perfekt spielt in die Gegenwart hinein: Es beschreibt Handlungen, die in der Vergangenheit begonnen haben und noch andauern bzw. eine Wirkung in der Gegenwart haben. Warum dieses Detail so wichtig ist? Weil ein Satz je nach der verwendeten Zeit eine ganz andere Bedeutung bekommen kann. Vergleichen Sie:

Englisch	Deutsch
I have lived in London for five years.	Ich lebe seit fünf Jahre in London (immer noch).
I lived in London for five years.	Ich lebte fünf Jahre in London (jetzt nicht mehr).

Der Bedeutungsunterschied ist erheblich! *Since* und *for* sind die Schlüsselwörter für das Present Perfect; sie bedeuten beide „seit" auf Deutsch. Auf Englisch werden sie aber unterschiedlich verwendet:

- *since* bezeichnet einen Zeitpunkt,
- *for* einen Zeitraum.

Um beide Wörter unterscheiden zu können, hilft Ihnen als Eselsbrücke, dass *since* auch einen i-Punkt besitzt und einen Zeitpunkt bezeichnet. Weitere Beispiele:

Praxis-Beispiel

since* oder *for?

Deutsch	Englisch
seit 7 Uhr	*since* 7 o'clock
seit heute morgen	*since* this morning
seit vergangener Woche	*since* last week
seit September	*since* September
seit 1998	*since* 1998
seit 30 Minuten	*for* 30 minutes
seit langer Zeit	*for* a long time
seit zwei Tagen	*for* two days
seit zwei Wochen	*for* a fortnight (=14 Tage)

Ein weiteres Schlüsselwort ist *ever. Have you ever been to Vietnam? Have you ever eaten frog's legs?* Man möchte wissen, ob man es jemals in seinem gesamten Leben getan hat. Wenn Sie vom deutschen Satz ausgehen, ist der Auslöser „schon mal".

Training 9: Übersetzen Sie

8 Min.

Wie lautet die englische Fassung der folgenden Sätze:

1. Wie lange leben Sie schon in Griechenland? Seit 30 Jahren – seit 1985.
2. Waren Sie schon mal in Rom? Nein, leider nicht.
3. Haben Sie schon mal Grünen Tee probiert?
4. Meine Tante liest seit ihrer Kindheit Krimis.
5. Wie lange haben Sie Ihren Käfer (Auto!) schon?

Lösung 9: Übersetzen Sie

1. How long have you lived in Greece? For 30 years – since 1985.
2. Have you ever been to Rome? No, I haven't unfortunately.
3. Have you ever tried green tea?
4. My aunt has read detective stories since childhood.
5. How long have you had your beetle?

Weitere Grammatikübungen finden Sie auf der CD-ROM!

Eine Richtung im Gespräch vorgeben

Wenn Sie zwei Personen miteinander bekannt machen, geben Sie ihnen am besten ein gemeinsames Thema vor, so dass sich beide auch ohne Sie als Bindeglied mühelos unterhalten können. Wenn Sie wissen, dass beide begeisterte Skifahrer sind oder Mitglieder im Alpenverein, erwähnen Sie das. Beide haben dann ein Gesprächsthema, über das sie sich näher kennenlernen können:

I think	you both know you both like you are both interested in	Angelika tennis modern art
I know	you have both	worked in Phoenix
He's also	got into	a vintage* BMW collecting stamps

* BMW-Oldtimer

Kennenlernen über gemeinsame Interessen

Im folgenden Beispiel versucht Mike auf einer Firmenfeier, seine Frau Louise einem ehemaligen Kollegen vorzustellen und beim Kennenlernen zu helfen. Anscheinend ist das aber nicht nötig.

Mike: „Tim, may I introduce (you to) my wife, Louise? Louise, this is a former colleague of mine, Timothy Strupper. He's also into waterskiing. In fact, he was Germany's Senior Champion last year."

Tim: „Hi Louise, it's good to see you again! It's been a long time."

Louise: „Yeah, Tim, long time no see! How are you? You look fabulous."

Mike (*sichtlich überrascht*): „Oh, I didn't realise that you know each other ..."

Louise: „Well, darling, I don't know why I never told you about Tim ..."

Das wissen wir auch nicht, aber Mike hatte versucht, beiden durch Preisgeben einer Gemeinsamkeit das Kennenlernen zu erleichtern.
Eine ausführliche Sammlung an nützlichen Phrasen wie die im Beispiel erwähnten finden Sie auf der CD-ROM!

CD-ROM

Das (vermeintlich) erste Treffen

Im nächsten Schritt erfahren Sie, wie man einen alten Bekannten begrüßt.
Während einer internationalen Konferenz für Lebensmittelhersteller treffen Claire Chapelle, Dr. Anna Kempe und Richard Müller in der Mittagspause zufällig in der Schlange vor dem Buffet aufeinander.

Training 10: Ergänzen Sie

8 Min.

Im folgenden Dialog fehlen einige Schlüsselbegriffe. Setzen Sie sie wieder ein. Wer kennt wen und woher? Wie ist die Stimmung?

again – ages – call – chance – complain – remember – surprise – talk

Claire: „Excuse me. Richard? Richard Müller? Is that you, by any ______________ (1)?"

Richard: „Claire? What a lovely ____________ (2) to see you here. How's it going?"

Claire: „Fine, thanks. What about you?"

Richard: „Can't __________ (3). Wow, it's ____________ (4) since I last saw you."

Claire: „Well, let me think – about five years ago at the Cologne Conference for Nutritional Science?"

Richard: „Yeah, that's right. Claire, do you ____________ (5) Anna?"

Claire: „Oh, hello, good to see you ____________ (6), Dr. Kempe, of course I remember you!"

Anna: „Please ____________ (7) me Anna. Yes, we met in Prague, I think, at the Expo. You gave a brilliant ____________ (8) about food colourings, didn't you?"

Lösung 10: Ergänzen Sie

1. chance; 2. surprise; 3. complain; 4. ages; 5. remember; 6. again; 7. call; 8. talk
Alle drei kennen sich bereits von vorherigen Konferenzen, wenn auch nur „vom Sehen". Beachten Sie, wie locker Dr. Kempe mit ihrem Titel umgeht.
Eine weitere Übersetzungsübung hierzu finden Sie auf der CD-ROM!

Please call me Anna

Es ist sehr wahrscheinlich, dass Ihnen bereits bei der ersten Begegnung angeboten wird, Ihren Gesprächspartner mit Vornamen anzusprechen. Nehmen Sie das Angebot ruhig an und erwidern Sie die Geste. Seien Sie sich aber bewusst, dass Sie damit – anders als in Deutschland – nicht die vorhandenen Hierarchien aufweichen oder eine geschäftliche Beziehung zu privat werden lassen.

Claire und Richard kennen sich bereits, haben sich aber lange nicht gesehen. Beide freuen sich und gehen im Gespräch sehr höflich, aber auch locker miteinander um.
Anna hat Richard bereits vorher getroffen, also wird sie von ihm vorgestellt. Sie verhält sich sehr smart, denn anstatt die doch sehr konventionelle und etwas leere Floskel „Ich habe schon viel von Ihnen gehört" zu benutzen, drückt sie Claire gegenüber ihren ehrlich gemeinten Respekt aus. Sie bezieht sich sofort auf Claires wissenschaftlichen Erfolg.

Bleiben Sie authentisch

Machen Sie es wie Claire oder Anna, bleiben Sie authentisch. Small Talk muss weder unehrlich, noch abgedroschen und langweilig sein. Sollten Sie in einer Situation nicht über genügend Informationen oder Hintergrundwissen verfügen, machen Sie eine positive Bemerkung über die Firma Ihres Ansprechpartners, deren Produkte oder die gemeinsame Umgebung, in der Sie sich gerade aufhalten.

Experten-Tipp

Folgefragen überlegen

Nicht alle Themen eignen sich für den ersten Small Talk direkt nach dem Kennenlernen. Überlegen Sie daher, welches Thema geeignet ist und welches Sie lieber vorerst außen vor lassen sollten. Die Kunst der Konversation gleicht einem Eisberg, bei dem nur ein Siebtel seiner Größe aus dem Wasser ragt: Die sichere Zone liegt auch in der Konversation oberhalb der Wasseroberfläche. Je tiefer man nach unten taucht, desto risikoreicher wird auch das Gespräch. Doch welche Inhalte fallen nun unter Small Talk und Networking? Liegen diese oberhalb der Wasseroberfläche?

Training 11: Vorsicht, Fettnapf?!

5 Min.

Welche Small Talk-Themen sind sicher? Gehen Sie die Checkliste durch und kreuzen Sie an, ob ein Themengebiet sicheres Terrain bietet und welches die Gefahr mit sich bringt, dass die Gefühle Ihres Gesprächspartners verletzt werden!

Small Talk-Themen	ja	nein
Wetter		✓
Politik		
Reisen, Unterkunft		
Hobbys und Freizeit		
Familie		
Kunst, Oper, Kino		
Religion		
Gesundheit und Wehwehchen		

Small Talk-Themen	ja	nein
Betriebsgeheimnisse		
Persönliche und Job-Probleme		
Städte, Regionen, Länder		
Sport (aktuelle Ereignisse)		
Finanzielle Angelegenheiten		
Firma, beruflicher Werdegang		
Musik		
Persönliches Erscheinungsbild		

Lösung 11: Vorsicht, Fettnapf?!

Folgende Themen sind für einen Small Talk geeignet:
Wetter; Reisen, Unterkunft; Hobbys und Freizeit; Kunst, Oper, Kino; Städte, Regionen, Länder; Sport (aktuelle Ereignisse); Firma, beruflicher Werdegang.

Über diese Themen sollten Sie nicht sprechen:
Politik; Familie; Religion; Gesundheit und Wehwehchen; Betriebsgeheimnisse; persönliche und Jobprobleme; finanzielle Angelegenheiten; Musik.

Vorsicht bei der Themenwahl

Im Small Talk kann im Grunde kein Thema als absolut sicher gelten: Ein Miesepeter kann selbst den schönsten Sonnenschein schlecht reden. Setzen Sie aber zunächst lieber auf die sichere Karte: das Wetter, die eigene Firma und der berufliche Werdegang, Reisen, Unterkunft. Absolut tabu sind persönliche Probleme, finanzielle Schwierigkeiten, Betriebsgeheimnisse, Tratsch, Kommentare unterhalb der Gürtellinie. Jammern und Lamentieren kommen auch selten gut an, selbst wenn Sie und Ihr Gesprächspartner sich einig sind, dass die Benzinpreise im Augenblick das Letzte sind. Die Gesundheit gibt viel Gesprächsstoff her, sollte aber mit Vorsicht eingesetzt werden und nicht in ein Jammern ausarten. Noch vorsichtiger sollten Sie mit den Themen Politik und Religion umgehen und sie gegebenenfalls lieber aussparen: Ein ehrliches Interesse an einer anderen Kultur mit den richtigen Fragen ist sicherlich nicht verkehrt, doch Sie sollten das richtige Gefühl für den Punkt haben, an dem es dem Gesprächspartner zu viel ist.

Schaffen Sie sich ein Standardvokabular

Wirklich schwierig wird Small Talk nach den ersten zehn Minuten – weniger in grammatikalischer Hinsicht, dafür aber beim Vokabular. Selten kann man vorher genau abschätzen, in welche Richtung das Gespräch gehen wird. Sie können sich aber auf einige Themenblöcke vorbereiten, die zum Standardrepertoire der höflichen Konversation gehören. Am unverfänglichsten plaudern Sie zunächst über die Firma, den Beruf, die wirtschaftliche Lage und die Aussichten der eigenen Branche. Wenn Sie möchten, können Sie auch bald über Hobbys, Sport und kulturelle Ereignisse sprechen, allerdings eignen sich zuerst allgemeine Bemerkungen (*do you know there's an opera festival on here at the moment?*), um zu sehen, ob das Thema Ihrem Gesprächspartner angenehm ist. Bekommen Sie „grünes Licht“ (*my wife and I went to see Tannhäuser last year*), können Sie tiefer in die Materie einsteigen. Häufig lässt man mit dieser Art Bemerkung „nebenbei“ mehr Privates durchsickern. Kennt man sich schon ein wenig besser, gibt man gerne mehr Privatsphäre preis und erzählt mehr über Familie, Freunde, eventuell auch Haustiere und das eigene Heim.

Themen im Voraus planen

Gute Planung erleichtert Ihnen das Gespräch

Vor allem in der Fremdsprache ist Planung eine gute Hilfe: Benutzen Sie eine Tabelle als Instrument zum Brainstorming über mögliche Gesprächsthemen. Beim Ausfüllen schreiben Sie so viel wie möglich bereits in Englisch hinein. Wenn Ihnen ein Begriff partout nicht einfallen will, schreiben Sie ihn auf Deutsch und schlagen Sie ihn später nach.

Was?	Ihr Beispiel	Grund
Food		
Drink		

Was?	Ihr Beispiel	Grund
Item of clothing		
Holiday spot		
Colour		
Season		
Time of the day		
Actor/actress		
Movie, tv-programme		
Music		
Singer, group, CD		
Book, author		
Aroma or scent		
Way of relaxing		
Person you admire		
Place you love		

Sie können die Übung für die Dinge durchgehen, die Sie wirklich gerne mögen und über die Sie anderen auch erzählen möchten. Das Muster eignet sich aber auch zur Vorbereitung auf einen bestimmten Anlass, beispielsweise eine Hochzeit oder ein Firmenjubiläum. Die Themen werden sich ein wenig verschieben und neue Blickwinkel ergeben.

Praxis-Beispiel

Mustertabelle für mögliche Themen

Was?	Ihr Beispiel	Grund
Food	fresh pasta	delicious
Drink	Martini	reminds me of ...
Item of clothing	Jeans	so comfortable
Holiday spot	Sicily	everything you want within reach, cappuccino
Colour	light pink	light colour, but not white
Season	spring	love to see the young leaves sprout

Was?	Ihr Beispiel	Grund
Time of the day	Sunday morning	everything is so quiet
Actor/actress	George Clooney	saw a documentary-went to Darfur with his father to do something for human rights
Movie, tv-programme	„Tatort"	always thrilling
Book, author	Harry Potter	it's a different world
Aroma or scent	cinnamon	reassuring
Way of relaxing	going for a walk	you can breathe and move your legs
Place you love	my sofa	it's just too cosy!

Office Gossip

Eine ganz andere, aber nicht zu unterschätzende Art des Small Talk findet ebenfalls in der Firma statt: das *office gossip*, Firmentrasch. Häufig begegnet man dem Gesprächstyp auf dem Gang, daher auch die Bezeichnung *corridor meeting*, ein Treffen zwischen Tür und Angel. Das folgende *corridor meeting* enthält zahlreiche idiomatische Redewendungen. Auch wenn Sie die eine oder andere noch nicht kennen, vielleicht erraten Sie deren Bedeutung aus dem Zusammenhang.

Klatsch in der Kaffeeküche

Praxis-Beispiel

George: „Hi there, Sarah, how are you doing? Long time no see. Where you on vacation*? Look at your tan*!"

Sarah: „Hi George, nice to see you. That's right, I've just come back from two weeks in Fuerteventura."

George: „By the look of you, you had a fantastic time!"

Sarah: „Absolutely, weather excellent, a top hotel with fab food* and these endless beaches and gorgeous* surf instructors ..."

George: „Sounds almost too good to be true! So, have you already heard that they fired John, the VP's secretary?"

Sarah: „Really? Why on earth is that? He seemed so committed and really successful at his job."

George: „Well, the official version was ... but rumour has it that he got too flirty with the VP's wife."

Sarah: „I don't believe it, really?"

George: „That's what they say. I saw them together at the annual kick-off meeting two weeks ago, and indeed they seemed to get on like a house on fire, dancing the night away ... But I wouldn't have thought anything of it."

Sarah: „Well, I say ..."

George: „But the good news is this quarter's piece of the pie*! The new profit-sharing scheme is really great."

Sarah: „Yes, I just saw it on the notice board. The €2,500 will contribute nicely to paying off my mortgage. What are you doing with the money? Any plans yet?"

George: „To be frank, I haven't thought about it yet. Oh, is it that time already? Let's get going to the weekly meeting, shall we?"

Sarah: „Yes, let's. But I have to pick my stuff up from the office first. Just came over to grab a cup of coffee ..."

George: „Okay, see you there then."

*vacation** (UK: holiday); *tan** = Sonnenbräune; *fab food** = *fabulous food* = hervorragendes Essen; *gorgeous** = gut aussehend; *this quarter's piece of the pie** (US) = Anteil an der vierteljährlichen Gewinnausschüttung des Unternehmens an seine Angestellten

Training 12: Corridor meeting – office gossip

5 Min.

Haben Sie den Beispieltext aufmerksam gelesen? Dann können Sie sicherlich die folgenden Fragen richtig lösen. Damit Sie es nicht allzu einfach haben, wurden diesmal die Aufgaben auf Englisch formuliert.

1. Just came over to grab a cup of coffee – does that mean:

   a) Just came over to make some coffee

   b) Just came over to drink a cup of coffee

   c) Just came over to get a cup of coffee (to take away)

2. An annual kck-off meeting:
   a) A party where people say goodbye to colleagues who are leaving the company
   b) A big party at the beginning of the year to motivate the staff of a company
   c) The project teams of a company get together to get to know each other
3. This quarter's piece of the pie means:
   a) The amount of money each employee receives from a company's profit-sharing scheme
   b) At the beginning of each quarter of the year it is customary in American companies that the management invites everybody to a piece of cake or two to get together and socialise.
   c) The management draws a lottery every three months and the prize money goes to the happy winner.
   d) Every three months the three best employees of the month are chosen and they receive a bonus of €2,500
4. They got on like a house on fire:
   a) There was a strong erotic attraction between the two
   b) The two hit it off right away and got on very well
   c) They danced until both were hot and sweaty

Lösung 12: Corridor meeting – office gossip

1c / 2b / 3a / 4b

Wenn Sie Gerüchte weitererzählen – ob Sie das tun, soll Ihnen überlassen bleiben – dann können Sie den Klatsch so einleiten:

- „A little bird told me …"
- „Word/rumour has it that …"
- „But you didn't hear it from me, okay?"

Plaudertaschen stoppen

Vielleicht ist Ihnen nicht jede Unterbrechung willkommen, weil Sie Ihre Arbeit erledigen möchten. Einer Plaudertasche, die Ihnen erzählt, wie toll sie beim gestrigen Golfturnier abgeschnitten hat, unterbrechen Sie am besten so:

„Gosh, Martha, that's great. I'm glad you did so well in that important tournament. But I'm afraid I'll have to get back to my desk now and finish my report."

Personen beschreiben

Können Sie eine Person nach ihren Äußerlichkeiten beschreiben? Stellen Sie sich vor, Sie stehen mit einem Kollegen in der Schlange in der Kantine. Sie sehen eine Dame, die Sie nicht kennen:

- „Who's that woman over there, in the blue sweater, with the dark curly hair?"
  „You mean Christa. She's a really quiet person. She's in HR.*"

Auch einen anderen Herrn haben Sie noch nie gesehen:

- „And who's the handsome** man in the dark suit? The one who's talking to Fritz."
  „Oh, that's Florian. He's our CEO."***
  *Human Resource s= Personalwesen ** gutaussehend ***Chief Executive Officer – oberster Chef

Damit Sie auf Englisch eine Person gut beschreiben können, stehen Ihnen die folgenden Vokabelideen zur Verfügung:

Aussehen allgemein/Charaktereigenschaften	
Größe und Statur	tall, short, (of) medium height
Haare	– short, medium length, long – curly, permed (dauergewellt), straight, shaved, braided (Zöpfe geflochten) – dark, fair, blond, red, brown, black, grey (AE: gray), black hair
Augen	blue, brown, green, dark, light, deep set
Gesichtsfarbe	– He/she has ...

Aussehen allgemein/Charaktereigenschaften	
	– fair skin/a fair complexion (Teint) – dark skin/a dark complexion – a lot of freckles (Sommersprossen) – a lot of pimples/spots (Pickel)
Was trägt jemand?	Coat, raincoat, anorak, leather jacket, dress, trainers (BE)/sneakers (AE, Turnschuhe), high heels, trousers, tie, t-shirt, short/long sleeves (Ärmel), boots, wellingtons (BE Gummistiefel), belt, sweater/jumper
Wie ist jemand?	Selfish, lazy, shy, hard-working, good-looking, pretty, handsome, talkative, sociable, fun-loving, quiet, mean (fies), nasty, intelligent, stupid, unselfish, kind, friendly, outgoing, conscientious (gewissenhaft), annoying, irritating

Taktvolle Beschreibung

Experten-Tipp

Achtung: Dicke Menschen taktvoll beschreiben ist schwierig. Vermeiden Sie in jedem Fall *fat, obese, overweight*, sagen Sie stattdessen *heavily built, well built, of average build, slim*:

- I guess you could describe him as quite heavily built.
- She's quite a large lady.
- He's quite a large man/gentleman.

Training 13: Personenbeschreibung

8 Min.

Versuchen Sie, die folgenden Schauspieler auf Englisch zu beschreiben:

- Bruce Willis
- Nicole Kidman

Lösung

Lösung 13: Personenbeschreibung

- Bruce Willis: He's bald (mit Glatze), about 50 years old, well built in the last pictures I saw. He's got green eyes and a scar (Narbe) on his forehead (Stirn).
- Nicole Kidman: She's quite tall, actually, very slim and elegant. She's got long fair/blonde hair and a pale complexion with a lot of freckles (Sommersprossen)

Experten-Tipp

Schwarzer oder Farbiger?

Im Zuge der Political Correctness ist es vor allem für Ausländer zunehmend schwerer, die aktuell gültige, nicht diskiminierende Bezeichnung für eine Hautfarbe zu kennen. *Coloured* ist nicht politisch korrekt! In England sagt man am besten, woher jemand stammt, zum Beispiel *he's Asian*, oder *he's of Turkish origin*. In den USA können Sie „*a person of colour*" sagen, aber das ist sehr formal. „*Black Americans*" ist als Begriff in den USA auch in Ordnung.

So führen Sie Small Talk weiter

Themen weiterentwickeln

Nachdem Sie vorgestellt wurden, bewegen Sie sich im Zeitraum von bis zu zehn Minuten noch auf sicherem Small Talk-Terrain. Nehmen Sie die Themen der ersten fünf Minuten als Auslöser, um den allgemeinen Small Talk weiterzuentwickeln, damit aus dem Terrain kein Minenfeld wird. Um bei dem Vergleich mit dem Eisberg von vorher zu bleiben, können Sie jetzt das oberste Stück des Eisbergs ganz einfach zum Schmelzen bringen.

Beginnen wir mit dem Wetter

Mit diesem Thema machen Sie in der Regel nichts falsch. Für das richtige Vokabular lösen Sie das Kreuzworträtsel.

Training 14: Kreuzworträtsel 1

6 Min.

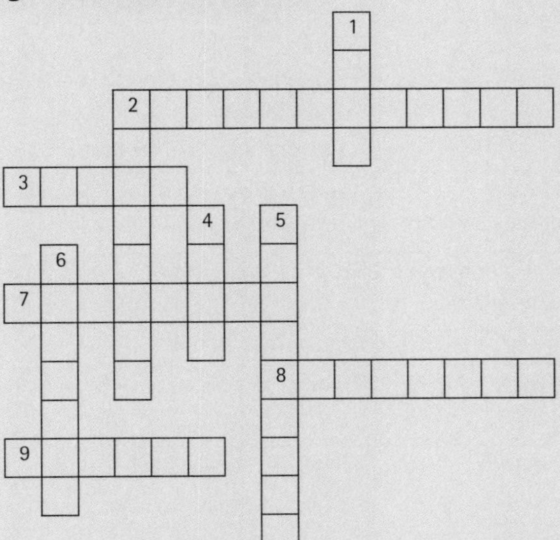

Waagrecht: 2. sonnige Abschnitte; 3. feucht; 7. (It's ...) saukalt; 8. Donner; 9. bewölkt

Senkrecht: 1. Morgennebel; 2. rutschig, glatt; 4. Hagel; 5. Blitz; 6. Nieselregen

Lösung 14: Kreuzworträtsel 1

- Waagrecht: 2. sunny spells; 3. humid; 7. freezing; 8. thunder; 9. bewölkt
- Senkrecht: 1. mist; 2. slippery; 4. hail; 5. lightning; 6. drizzle

So reden Sie über das Wetter

Damit Sie beim Thema Wetter immer etwas zu sagen haben, folgt hier eine Übersicht. In der linken Spalte stehen Stichworte zur Wetterlage, in der rechten Beispielsätze.

Wetterlage	Beispielsatz für den Small Talk
cloudy, overcast, dull	It's clouding over again/a bit. I wish the sun would come out!
rain, showers	It looks like rain (again). It's trying/threatening to rain again. It's absolutely pouring! It's coming down in torrents! (also: torrential rain) It's cheering up/brightening up a bit. (= it has stopped raining) It's looking a bit brighter now.
unsettled / changeable weather	It can't make its mind up! Feels like April, doesn't it?
wind, windy, gusts of wind/gusty winds, gales (=strong winds)	I'm glad I wasn't blown away on my way to the car! What a nasty storm!
fog, foggy mist, misty	It was a real peasouper. (= BE, very thick fog)
snow, snowy	It looks like snow (again). I've heard we may get some snow.
hail, hail storm, hailstones	We had hailstones the size of eggs.
sunny, sunny spells	It's lovely and warm. It's spring-like! So balmy.

Wetterlage	Beispielsatz für den Small Talk
	It's boiling!
cold spell, cold snap (=short cold spell)	It's freezing! Be careful. The roads are icy.

So geben Sie wieder, was der Wetterbericht gesagt hat:

Wetterbericht

- *Blustery showers (= wind and rain together) are forecast (in the North, etc.)*
- *According to the weather forecast …*
- *They say it's going to rain/snow/cheer up/etc. this afternoon.*

… und so Ihre eigene Meinung dazu:

Ihre Meinung

- *What a lovely morning!*
- *What a dreadful/an awful afternoon!*
- *Never mind – I suppose we need some rain. Good for the farmers/my garden/etc.*
- *Oh well, last week we were complaining because it was too hot!*
- *Just wait and see: perhaps we'll have an Indian summer instead!*

Einige Kommentare zur Tages- bzw. Jahreszeit:

Tages-/Jahreszeit

- *The nights are getting lighter (summer)/drawing in (winter)*
- *The days are getting longer/shorter.*
- *Where has the year gone? It'll be Christmas before we know it!*
- *It's very hot/cold for the time of year, isn't it?*
- *It's four o'clock already – doesn't time fly/where has the day gone?*

Training 15: Plausch über das Wetter

8 Min.

Übersetzen Sie das kurze Gespräch über das Wetter.

Sue: „München kann um diese Jahreszeit ein bisschen kalt sein."

Jim: „Äh, ja, aber eigentlich war ich überrascht, dass so viele Leute immer noch ihren Nachmittagscappuccino im Freien trinken. Die Cafés sind voll und den Leuten macht das leichte Nieseln anscheinend gar nichts aus …"

Lösung 15: Plausch über das Wetter

Sue: „Munich can be a bit cold at this time of year."
Jim: „Well, actually, I was surprised that so many people are still having their afternoon cappuccinos outside. The cafés are packed, and no one seems to mind the drizzle ..."

Small Talk-Themen weiterführen

Ausführlich beschreiben

Small Talk über Städte lässt sich ganz einfach weiterentwickeln, indem Sie zum Beispiel das Hotel, die Stadt und Ähnliches mehr genauer beschreiben.

12 Min.

Training 16: Gespräche formulieren

Formulieren Sie die Gespräche mithilfe der Stichworte aus! Der Einstiegssatz ist vorgegeben.

- Gespräch 1

  Anna: „Is this your first time in Milan?"

  Juan: No – here – ten years ago

  Anna: Like – city?

  Juan: Think – changed – very exciting – more hectic

- Gespräch 2

  Rosalie: „Where are you staying? How is your hotel?"

  Juan: Four Seasons – very comfortable – excellent service. City centre – easy. Room spacious – quiet

  Rosalie: Good – feel – taken care of

- Gespräch 3

  Rosalie: „Whereabouts in Scotland are you from?"

  Ian: Inverness – north – not far Loch Ness

  Rosalie: I wanted – go – landscape – breathtaking

  Ian: Right – wonderful clear lakes – mountains – hiking

Lösung 16: Gespräche formulieren

- Gespräch 1
  Anna: „Is this your first time in Milan?“
  Juan: „Not really, I have been here before, but that was at least ten years ago.“
  Anna: „And how do you like the city?“
  Juan: „I think it has changed a lot in the last decade, it is still very exciting, but has become a little more more hectic, I have to say …“

- Gespräch 2
  Rosalie: „Where are you staying? How is your hotel?“
  Juan: „I'm staying at the Four Seasons. It is really very comfortable and the service is excellent. It's located in the city centre which makes it very easy to get around. My room is also very spacious and quiet.“
  Rosalie: „It's good to hear that you feel well taken care of!“

- Gespräch 3
  Rosalie: „Whereabouts in Scotland are you from?“
  Ian: „From Inverness, that's in the north, not far from Loch Ness.“
  Rosalie: „Oh, right. I've always wanted to go there, I've heard the landscape is breathtaking.“
  Ian: „That's right, we have wonderful, clear lakes, and the hills and mountains are great for hiking …“

Scheinbar Unwichtiges wird wichtig

Natürlich könnte man auch knapper und kürzer antworten. Die Kunst des Small Talk ist es aber, aus vermeintlich Unwichtigem ein Gespräch zu entwickeln, das für beide Seiten Informationen und echte „Unterhaltung“ bietet.

Sich durch Adjektive besser ausdrücken

Bei einer eingehenderen, genaueren Beschreibung von Städten, Hotels oder Landschaften sind vor allem beschreibende Adjektive hilfreich.

8 Min.

Training 17: Finden Sie beschreibende Adjektive

Wie viele Adjektive – positive wie negative – sind Ihnen bekannt, um die nachfolgenden Begriffe nachdrücklicher zu beschreiben? *Good, bad* oder *nice* zählen nicht – sie sind zu offensichtlich!

zum Beispiel a small Thai restaurant, an exciting city ...

Hotel	
City	
Weather	
Colleagues	
Restaurant	
Traffic	
Flight	

Lösung 17: Finden Sie beschreibende Adjektive

CD-ROM

Alle Begriffe finden Sie mit deutscher Übersetzung in der Phrase Bank auf der CD-ROM.

Hotel	five-star, excellent, pleasant, friendly, exclusive, lovely, luxurious, well run, run-down, small, cosy, comfortable, quiet, budget, inexpensive, conveniently located, family, family-run, modern, old-fashioned ...
City	cosmopolitan, exciting, vibrant, laid back, friendly, wonderful, lovely, busy, lively, modern, historic, dirty, beautiful, safe, old, dangerous, vast, big, small, interesting, hectic, spectacular, ...
Weather	beautiful, lovely, sunny, cloudy, chilly (kühl), pleasant, terrible, dry, changeable, unsettled, boiling (hot), freezing (cold) ...
Colleagues	helpful, supportive, new, best, reliable (zuverlässig), well-dressed, productive, friendly, happy ...
Restaurant	reasonably priced, exclusive, lovely, well run, posh (schick), elegant, round the corner, quiet, little, wonderful, crowded, tiny (winzig), not far from here, favourite, ...
Traffic	horrendous, stop and go, heavy, rush-hour, bumper-to-bumper (Stoßstange), no, noisy, slow-moving, ...
Flight	pleasant, comfortable, delayed, bumpy, smooth, cancelled, cheap, scheduled, early, late, overbooked, rerouted, diverted

Trainieren Sie neu erlernte Begriffe

Aktivieren Sie nun das neue Vokabular mit einer einfachen Übung: Suchen Sie sich ein Begriffspaar pro Thema und bilden Sie einen Satz wie in diesem Beispiel:

Begriff „flight": delayed, diverted

Lösungssatz: My flight from Bangkok was delayed because we were diverted to Berlin.

Ausführlichere Übungsfolgen hierzu finden Sie auf der CD-ROM.

To Do

CD-ROM

Offene Fragen halten das Gespräch am Laufen

W-Fragen

Um einen Small Talk in eine etwas weiterführende Unterhaltung übergehen zu lassen, müssen Sie das Gespräch am Laufen halten. Am einfachsten erreichen Sie das mit Fragen, die nicht mit Ja oder Nein zu beantworten sind. Diese offenen oder „W-Fragen" ermöglichen es Ihrem Gesprächspartner, ein Thema aufzugreifen und zu vertiefen. Diese Technik eignet sich vor allem dann, wenn Ihnen Gespräche nicht so leicht fallen oder sich der Einstieg als zäh erweist. Denken Sie nur an die Frage „Schatz, wie war dein Tag?" Meist lautet die Antwort „Geht so" und die Unterhaltung ist beendet. Die offene Formulierung „Wer war alles bei eurem Meeting?" zwingt den Gesprächspartner zu mehr als nur einer einsilbigen Antwort. So kann ein Gespräch in Gang kommen.

Training 18: Fragen formulieren

10 Min.

Bilden Sie Fragen zum Thema Urlaub mit folgenden Fragewörtern:

1. Where ____________________________________?
2. When ____________________________________?
3. Who ____________________________________?
4. What ____________________________________?
5. How long ________________________________?
6. How much _______________________________?

Lösung 18: Fragen formulieren

1. Where did you go? Where did you stay?
2. When did you fly out?
3. Who did you travel with?
4. What was the weather like? What did you do during the day/at night?
5. How long did you stay there?
6. How much did it cost?

Grammatik-Exkurs: Simple Past

yesterday, ago and last ...

Das Simple Past beschreibt Tatsachen, die bereits beendet sind und keine Auswirkung mehr auf die Gegenwart haben (*was, did, stayed, cost, went*). Es steht immer nach Ausdrücken wie *ago, last (Sunday), yesterday* oder *in* (2008). Der Reim aus der Schulzeit kann helfen: *Yesterday, ago and last – always take Simple Past!*
Die einfache Vergangenheit von „sein – to be“ ist *was* oder *were*:

- *Getting to the hotel was no problem …* it wasn't *that difficult to find you.*
- *Where* were *you yesterday?*

In der Frageform ändert sich die Satzstellung, es wird aber kein „did“ benötigt wie bei Vollverben:

- *What* did *you do? We went to the cinema.*
- Did *you have any problems? No, we* didn't.

Sicher erinnern Sie sich: Regelmäßige Verben werden durch Anhängen von -ed in die Vergangenheit gesetzt (*stayed, travelled*), an die Formen der unregelmäßigen Verben muss man sich erinnern (*have – had, go – went, get – got, fly – flew …*)

8 Min.

Training 19: Vergangenheitsformen üben

Setzen Sie zur Wiederholung der unregelmäßigen Vergangenheitsformen die richtige Form in die Lücken ein!

Bill, this is Mary. We ________ (1 meet) at a conference in New York last year."

„Did you ________ (2 see) Susan this morning? No, she ________ (3 not be) there when I ________ (4 leave)."

„We ________ (5 get) a day off because our offices were ________ (6 paint) yesterday."

„Before I ________ (7 come) to Glasgow to work for P&J I ________ (8 work) for a company in Spain."

"________ you ____________ (9 have) time to look at my letter?"

„Mr Kennedy ________ (10 miss) his train this morning so he ________(11 ask) me to pick you up."

„When ___________ you __________ (12 fly) out? We __________ (13 fly) on Wednesday afternoon."

„Last year I __________ (14 run) the Boston Marathon. Oh really, I ____________ (15 swim) in the Ironman competition in Hawaii."

„I _________ (16 hear) Jim ___________ (17 go) on holiday to New York."

„Yes, he ____________(18 call) me from there. He __________ (19 say) he ____________ (20 have) a great time!"

Lösung 19: Vergangenheitsformen üben

1. met; 2. see; 3. wasn't; 4. left; 5. got; 6. painted; 7. came; 8. worked; 9 did … have; 10. missed; 11. asked; 12. did … fly; 13. flew; 14. ran; 15. swam; 16. heard; 17. went; 18. called; 19. said; 20. had.

Training 20: Antworten überlegen

10 Min.

Fügen Sie nun den vorgegebenen Fragen mögliche Antworten hinzu!

1. Where did you go?
2. How did you get there?
3. Where did you stay?
4. When did you fly out?
5. Who did you travel with?
6. How long did you stay there?
7. How much did it cost?
8. Did you have a good time?

Lösung 20: Antworten überlegen

1. We went to Scotland to escape from the heat.
2. We took the plane.
3. Oh, we stayed in that lovely house on the beach.
4. We were on a very early flight, actually.
5. My husband and my son. Oh, Tim was furious because we let his sister go to Bali with her boyfriend and he still has to come with us.
6. We stayed there for two weeks.
7. Well, we spent about £600 each.
8. Yes, we did. Apart from the tropical heat, everything was fine.

Geschlossene Frage für Gesprächsende

Haben Sie es bemerkt? Die letzte Frage ist eine geschlossene Frage, die sich mit Ja oder Nein beantworten lässt. Sie ist immer dann erlaubt, wenn Sie den Small Talk beenden möchten – vielleicht ist das ja auch einmal nötig?

Das Gespräch vertiefen

Gemeinsamkeiten nutzen

Im folgenden Dialog sehen Sie, wie George während des Mittagessens das Thema zu den Aspekten, die ihn interessieren: Er möchte etwas mehr über Monikas beruflichen Hintergrund erfahren. Er selbst ist gerade aus Amerika angereist und vermutet, dass Monika auch viel in der Welt herumkommt. Also entscheidet er sich für das Thema Reisen. Er hat eine gute Entscheidung getroffen, denn über Gemeinsamkeiten lässt sich leichter Nähe herstellen. Sehen Sie im folgenden Dialog, wie George vom eher belanglosen zum bedeutungsvollen Small Talk überleitet.

Wie sich ein Gespräch entwickelt

George: „So, Monika, I guess you must do a lot of travelling?"

Monika: „Actually, yes, I do. But, I'm more of a business commuter (Pendler), really. I usually travel with my colleagues."

George: „Lucky you. Me – never. I always end up travelling alone."

Monika: „Oh, that's a shame."

George: „Just kidding. No, really, it's not such a big deal. It gives me a chance to catch up on my reading."

Monika: „I know what you mean. I have a fair bit of reading to do myself. Comes with the job."

George: „Research and development that is, right?"

Monika: „Exactly. Our head office is located in the south of England, but the new labs are just across the Channel in France, so I have to travel to and fro. But luckily it's just a short trip nowadays."

Geschickt kommt George auf das Thema Beruf. Nach diesem gelungenen Übergang kann er ohne Weiteres detailliertere Fragen über Monikas Beruf und Firma stellen, er könnte aber auch auf der unverfänglichen Schiene bleiben und über seinen Weg zur Arbeit erzählen.

Experten-Tipp

Wie kommen Sie zur Arbeit?

- On foot. It's not far, so I can walk.
- Well, I usually cycle.
- Linda takes the bus/goes by train.
- By car/I drive to work.

Achtung „Fahren" auf Englisch

Eine Fehlerquelle bietet das deutsche Wort „fahren". Im Englischen kommt es darauf an, womit Sie fahren möchten. Sitzen Sie selbst am Steuer und Ihr fahrbarer Untersatz hat einen Motor, sagen Sie *drive*. Fahren Sie nur mit, zum Beispiel im Bus oder Zug, ist es *go by bus* oder *take the train*. Da ein Fahrrad keinen Motor hat, heißt es entweder *I go by bike, I cycle* oder *I ride my bike.*

Am einfachsten ist es, Sie sagen *„I go by …"*, dann können Sie alle Verkehrsmittel einsetzen, ohne das Verb verändern zu müssen. Nur bei „zu Fuß" nehmen Sie eine andere Präposition: „I go on foot."

Zeigen Sie Interesse und stellen Sie Fragen

Über Berufliches reden

... ist ein naheliegender und normaler Einstieg in vertiefte Gespräche. Sie nutzen einen gemeinsamen Ausgangspunkt, um Ihren Gesprächspartner besser kennenzulernen und auch um ein wenig über sich selbst zu erzählen. Es kann sehr interessant sein, mehr über den Werdegang seines Gegenübers zu erfahren, dessen frühere Arbeitgeber und Branchen, das aktuelle Unternehmen und seine Struktur. Dabei erweitern Sie Ihren Horizont, entdecken möglicherweise Gemeinsamkeiten und schaffen eine Vertrauensbasis.

Talking shop – Fachsimpeln

Meist ist auch der Fachwortschatz im eigenen Arbeitsbereich ohne Probleme abrufbar, so dass das *talking shop*, das Fachsimpeln, auch auf Englisch nicht schwer fällt. Doch wie sieht es mit dem allgemeinen Business-Vokabular aus, das sich auf verschiedene Branchen, Berufe, Ausbildungsrichtungen, Abteilungen und Produkte erstrecken kann? Könnten Sie Ihrem Gast erklären, was eine Kernzeit ist oder dass Sie in einem Großraumbüro arbeiten? In diesem Abschnitt trainieren Sie die häufigsten Begriffe aus der Arbeitswelt, damit Sie in Zukunft Gespräche auch gezielt in diese Richtung steuern können.

Training 21: Fragen zur Firma

10 Min.

Schreiben Sie fünf Fragen auf, die Sie zur Firma Ihres Gegenübers stellen könnten. Erkundigen Sie sich nach dem Beruf, der Abteilung, Größe der Abteilung, Größe der Firma und wo sie sich genau befindet, wie lange Ihr Gegenüber schon dort tätig ist, ob er viele Dienstreisen unternimmt und wohin, usw. Vergleichen Sie sie danach mit dem Fragenkatalog der Lösung.

Lösung

Lösung 21: Fragen zur Firma

1. Who do you work for?
2. What's the company's turnover?
3. Where are your headquarters?
4. How many subsidiaries* have you got?
5. When was the company founded?
6. What do you do?
7. How long have you been with … (ACME Advertising)?
8. Where are you based?
9. Which department are you in?
10. How many people work there?
11. What type of office have you got?
12. Do you get to do much travelling?
13. Do you often travel abroad?
14. Which countries do you visit?
15. Have you ever been to Egypt?

* Niederlassungen, Filialen

12 Min.

Training 22: Mögliche Antworten

Was antwortet man am besten auf diese Fragen? Ordnen Sie nun die möglichen Antworten zu!

a) Right now, about 20 in Europe and 40 worldwide.

b) No, I haven't, not yet. Have you?

c) I often go to Greece, Hungary and the Far East.

d) Yes, quite a lot.

e) I'm an engineer.

f) In Berne? There are 15 of us at the moment, including three temps (Zeitarbeitskräfte).

g) I've got an individual office/a cubicle/I share an office with 2 other people/I'm in an open-plan office*.

h) I'm in Sales.

i) About twice a month.

j) I've been with ACME for five-and-a-half years now.

k) I work for ACME Unlimited SNC.

l) Our headquarters are in The Hague, in the Netherlands.

m) I'm based in Berne, Switzerland.

n) It was founded in 1928.

o) Last year we had sales of about € 43.

* open-plan office=Großraumbüro, cubicle sind die ca. 2 x 2 m großen und mit schulterhohen Wänden abgetrennten Einzelarbeitsplätze.

Lösung 22: Mögliche Antworten

1k, 2o, 3l, 4a, 5n, 6e, 7j, 8m, 9h, 10f, 11g, 12d, 13i, 14c, 15b

Informationen über Ihre Firma

Wie funktioniert der Alltag in Ihrer Firma? Wissen Sie, was Kernzeit, ein- und ausstempeln oder Mittagspause auf Englisch heißt? Und wie können Sie Ihr Büro (Großraum, Einzelbüro) beschreiben?

Training 23: Prüfen Sie Ihren Wissensstand

10 Min.

Setzen Sie das richtige Stichwort zur entsprechenden Definition!

SA, clock out – core time – cubicle – downtime – hot desking – individual office – lunchtime – open-plan office – staff canteen – works' council

1. A large room with a lot of desks.
2. Your own space with a door you can close behind you, sometimes shared with another colleague.
3. When you get to work in the morning, you put your card into the machine to register; when you leave work or go on your lunch break, you put the card in again to register a stop in your working time.
4. The place where the staff eat, usually at subsidised prices.
5. A little box of about 2 x 2 metres for each employee. Well known from American movies!

6. There are no fixed desks in the office. each member of staff has a container with personal things and work documents. Every morning the desks in the room are attributed on a first come, first served basis.
7. A time when people can go for something to eat.
8. When all machines stand still due to a lack of equipment or a lack of parts.
9. A committee elected by the staff to represent staff interests.
10. You have to be present during this time, usually from 9 to 11 a.m. and from 1.30 to 3.30 p.m.

Lösung

Lösung 23: Prüfen Sie Ihren Wissensstand

1. Open-plan office – Großraumbüro
2. Individual office – Einzelbüro
3. clock in/out – ein/ausstempeln
4. Staff canteen – Mitarbeiterkantine
5. Cubicle – mit schulterhohen Sichtschutzwänden abgetrennter Einzelarbeitsplatz
6. Hot-desking – keine fest vergebenen Schreibtische und/oder PCs, zum Beispiel bei Firmen mit vielen Außendienstmitarbeitern, oder Teilzeitkräfte teilen sich einen PC und einen Schreibtisch
7. Lunchtime
8. Downtime – Ausfallzeit
9. Works council – Betriebsrat
10. Core time – Kernarbeitszeit

Mehr über die Firma

Vielleicht möchten Sie auch mehr über das Unternehmen erzählen bzw. erfahren, etwa die Zahl der Mitarbeiter weltweit, ob es Tochterunternehmen im Ausland gibt oder wie viel Umsatz mit welcher Sparte erwirtschaftet wird.

Internetseiten von Firmen

Damit Sie sich diese Art Wortschatz aneignen können, ist es nicht verkehrt, sich die englische Version von Unternehmensseiten im Internet anzusehen. Wenn Sie sie mit der deutschen Version direkt vergleichen können, umso besser. Aber auch ohne diese Hilfe dürften sich viele Begriffe von selbst erschließen. In einer Unternehmensvorstellung erfahren Sie viel über Standorte, Spezialgebiete, Umsatz, geplante Entwicklungen und Zahl der Mitarbeiter. Auch Newsletter eignen sich hervorragend, um sich das entsprechende Vokabular zu verschaffen.

Englische Zeitungen lesen

Selbstverständlich können Sie auch die Wirtschaftsseiten englischer oder amerikanischer Tageszeitungen oder Wochenzeitschriften lesen, um sich mit den allgemeineren Ausdrücken im Business English vertrauter zu machen. Meist tauchen die Artikel stärker in die Tiefe der Materie ein und vermitteln mehr Wissen, als für den Small Talk notwendig ist.

Training 24: Übersetzen Sie ins Englische

8 Min.

1. Wir haben im Durchschnitt 28 Tage Jahresurlaub.
2. Herr Walter ist unser Abteilungsleiter.
3. Wir müssen mittags ausstempeln, mindestens für eine halbe Stunde.
4. Wir sind auf Nanotechnik spezialisiert und liefern Speicherchips an die großen Akteure auf allen Kontinenten.
5. Bubblers ist in der Entwicklung in diesem Bereich führend.
6. Unser Umsatz betrug im vergangenen Quartal 3,85 Milliarden Euro und brachte einen Gewinn von 534 Millionen Euro.

Lösung 24: Übersetzen Sie ins Englische

1. On average, we have 28 days' annual leave/holidays/vacation.
2. Mr Walter is our head of department.
3. We have to clock out for lunchtime, for at least half an hour.
4. We specialise in nanotechnology and supply storage chips to all the major players on all continents.
5. Bubblers is the leading company in the development in this field.
6. Our turnover was/we achieved a turnover of € 3.85 bn/ 3.85 bn (billion) euro* in the last quarter, generating profits of € 534 m.

* *bn* ist die schriftliche Abkürzung für *billion* (Milliarde!). Normalerweise lässt man auch im Plural das „s“ an *euro* weg, es üblich jedoch ist, *dollars* und *pounds* im Plural mit „s“ zu schreiben.

Ihr beruflicher Werdegang, Ihr Job

Beim Business Small Talk ist es unausweichlich, dass irgendwann die Frage auf Ihren Job kommt. Wie Sie Ihren Werdegang samt Ausbildung, früheren Arbeitgebern oder Auslandsaufenthalten auf Englisch beschreiben können, erfahren Sie im Folgenden.

Achtung, Fehlergefahr!

Wenn Sie darüber sprechen, wie lange Sie bereits bei einer Firma beschäftigt sind, verwenden Sie immer das Present Perfect.

- *How long have you been with them?*
- *I've been with them for about six years now.*

Das Present Perfect zeigt an, dass dieser Zeitraum in der Vergangenheit begonnen hat, aber noch nicht beendet ist. Muttersprachler können diesen Satz bei Verwendung der falschen Zeit auch anders verstehen, zum Beispiel:

- *I was with them ...* Dann sind Sie nicht mehr bei der Firma.

- *I am with them ...* Das bezieht sich nur auf die Gegenwart in der Zukunft, was bedeutet, dass Sie noch die genannte Zeitspanne dort bleiben.

Sie sehen, Grammatik ist keine reine Schikane für den Sprachenlerner, sie hilft in der Praxis, Missverständnisse zu vermeiden.

Wissen Sie, wie Sie auf Englisch erzählen, dass Sie eine Lehre oder ein Praktikum gemacht haben und bei welcher Firma? Oder dass Sie befördert wurden?

Training 25: Satzteile zuordnen

5 Min.

Setzen Sie die Satzteile wieder richtig zusammen!

1. I trained as a technician and	a) at KRJP.
2. Right after my studies I moved abroad and did a project	b) last year.
3. I did an apprenticeship**	c) later studied business administration*.
4. My last internship***	d) a similar project in Honululu.
5. I gained a lot of experience of this	e) as a wholesale clerk.****
6. I've been involved in a number	f) in Sweden, which took six months.
7. When I was with Bubblers we did	g) was with JP in Berlin.
8. I was promoted	h) of projects in this field.

*BWL **Lehre, Ausbildung ***Praktikum (BE auch work placement) ****Großhandelskaufmann

Lösung 25: Satzteile zuordnen

1c, 2f, 3e, 4g, 5a, 6h, 7d, 8b

Small Talk bei einer Führung durch die Firma

Auch eine Führung durch die Firma kann weit mehr von Ihnen fordern als nur die Benennung unterschiedlicher Gebäudeteile. Vielmehr geht es um das Unternehmen insgesamt, seine Geschichte, Produkte, Organisation und die Menschen, die hier arbeiten.

Unterwegs durch die Firma

Rosalie (Ro): „Hello, Samantha. Are you ready for the tour?"

Samantha (Sam): „Oh, Ms Forster, hello. Yes, I'm ready when you are. Just a quick question before we go: how long is it going to take? Just so that I can plan my time ..."

Ro: „Well, we'll be about one-and-a-half hours, I guess. Is that okay with you?"

Sam: „Yes, that's fine. I need to call a few people back today, so that's why I need to know."

Ro: „Before we go, can I ask you to leave your mobile phone in reception? Everything here is strictly confidential here and so phones with cameras may not be taken inside the other buildings."

Sam: „Okay, fine."

Ro: „What you see over there is the oldest building. It dates back to 1956 and at first, the entire company fitted in there. Droxheimer only had twelve employees back then."

Sam: „Hard to imagine, really... And what is that building used for today?"

Ro: „Our training centre and the HR department. The next building on the left is the main production hall."

Sam: „Oh, right. Is Dr Lehner still head of R&D?"

Ro: „You mean Sebastian Lehner?"

Sam: „Yes, Bastl, that's right."

Praxis-Beispiel

Ro: „He still is, actually. He will be in charge of our overseas production soon and his deputy, Michael Hoheisel, will succeed him."

Sam: "I see. Do you think we could say hello to Bastl for a second?"

Ro: „Sure, we'll see if he's in when we get to the R&D department. So, down here you can see buildings 4 and 5. Currently, sales and marketing are in building 4 and purchasing and accounts are in 5. IT and the main server room are there too, in the basement."

Sam: „Okay. Who is allowed to park here in front of the office buildings?"

Ro: „Each department has been allocated a certain number of parking spaces, for the fleet, you know, and for the heads of department, of course."

Sam: „I see."

Ro: „We need to turn left around the corner here. Would you like to see the production halls? (deutet darauf) We can go in, if you like, but I'm afraid with all the noise I won't be able to explain anything to you while we are in there."

Sam: „No problem, don't worry, I think I'd rather just take a quick look and then we could try to call in at R&D?"

Ro: „Sure, as you wish! So, let's take this elevator here and then ..."

Sam (*im Lift*): „Ms Forster, just one question."

Ro: „Yes?"

Sam: „Why were people queueing at those little black boxes at the entrance?"

Ro: „Queueing? Ah, right, it's about lunchtime and everybody has to clock out for at least 30 minutes. Those are the rules for the lunchbreak."

Sam: „That's interesting. So you can't just eat a sandwich while you work?"

Ro: „Well, of course you can, but at the end of the day these 30 minutes will be deducted from your daily worktime automatically. That's the law – a sort of mandatory break time."

Sam: „Wow. And how about core times, then?"

Ro: „Our core times are from 9 to 11 and from 1.30 to 3.30. But, believe me, sometimes it's almost impossible to book meeting rooms within these time slots!"

3 Min.

Training 26: Haben Sie den Text verstanden?

Haben Sie den Dialog aufmerksam gelesen? Beantworten Sie nun folgende Fragen:

- Was ist das Problem mit Samanthas Handy?
- Welche Abteilungen der Firma werden erwähnt?

Lösung

Lösung 26: Haben Sie den Text verstanden?

- Wegen Angst vor Betriebsspionage ist es in vielen Unternehmen verboten, ein Handy mit Kamerafunktion in den Betrieb mitzunehmen.
- Die erwähnten Abteilungen sind Training, HR, Production, R&D, Sales, Marketing, Purchasing, Accounts und IT.

Vertiefter Small Talk – Themen für längere Gespräche

Freizeit und Sport

Gehen wir nach so viel Job Talk nun über zu Freizeit und Sport. Vielleicht gibt das Äußere Ihres Gesprächspartners Hinweise auf seine Interessen: zum Beispiel eine Kette mit einem Golfball oder eine Nadel mit Abzeichen am Revers? Dann bietet sich Ihnen ein direkter Einstieg in die Materie: *Do you play golf?* Haben Sie keine Vermutung, was er in der Freizeit macht, dann fragen Sie am besten: *What do you do in your spare time?* Vielleicht bekommen Sie eine vergleichbare Antwort aus der nächsten Aufgabe?

Training 27: Do you play tennis?

6 Min.

Bei welchen Sportarten sagt man *play*, bei welchen *do* und wann heißt es *go*? Ordnen Sie die folgenden Hobbys diesen drei Zeitwörtern zu!

ballroom – dancing – basketball – biking – billiards/snooker – chess* – football – golf – hiking** – karate – running/jogging – sailing – squash – swimming – tennis – to the gym – windsurfing – climbing – yoga

*Schach; **Wandern

play	go	do
Tennis …	…	…

Lösung 27: Do you play tennis?

play	go	do
Tennis, squash, football, basketball, chess, billiards/snooker, golf	swimming, sailing, windsurfing, hiking, biking, to the gym, climbing, running/jogging	yoga, karate, ballroom dancing

Snooker, billiards und pool

Fans wissen sicher Bescheid, inwiefern sich diese Sportarten unterscheiden. Für Nicht-Insider spielt man mit einer verschiedenen Anzahl von Bällen, wobei die Farben jeweils eine andere Bedeutung haben. Auch der Tisch ist bei Snooker größer als bei den anderen beiden Varianten.

Reagieren Sie auf alle Aussagen Ihres Gesprächspartners mit Gesten, Lächeln oder sogenannten polite noises (siehe Kapitel Aktives Zuhören, S. 97), zum Beispiel *Oh, that's interesting.* Wichtig sind vor allem weiterführende Fragen, mit denen man tiefer ins Thema einsteigen kann, wie zum Beispiel:

- *How long have you been playing?*
- *How often do you play?*
- *Who do you play with?*
- *Do you play in a club?*

Fitnessclub=gym

Ein gym ist nicht das deutsche Gymnasium, sondern die Bezeichnung für ein Fitnessstudio! Das deutsche *Gymnasium* ist eine *grammar school* in England bzw. eine *highschool* in den USA.

Nichtsportliche Hobbys

Nicht jedermann ist sportbegeistert. Neben dem *gardening* sind in England noch mehr naturverbundene Hobbys weit verbreitet, zum Beispiel *fishing* oder *bird watching*. Auch *trainspotting* ist beliebt: Man postiert sich mit einer Art Katalog, in dem seltene Züge mit ihren Seriennummern beschrieben sind, am Bahnhof und schlägt alle Züge nach, die vorbeikommen.

Training 28: Kreuzworträtsel 2

6 Min.

Setzen Sie die englischen Entsprechungen der folgenden Hobbys in das Rätsel ein!

Waagrecht: 3. Kegeln; 4. Handarbeiten; 5. Schach; 8. Angeln; 9. Tanzen

Senkrecht 1. Gäste bewirten; 2. Billiard; 5. Kochen; 6. Nähen; 7. Stricken; 9. Heimwerken

Lösung 28: Kreuzworträtsel 2

- Waagrecht: 3. bowling; 4. needlework; 5. chess; 8. fishing; 9. dancing
- Senkrecht: 1. entertaining; 2. snooker; 5. cooking; 6. sewing; 7. knitting; 9. DIY

Zuschauersport – spectator sports

Im Fernsehen oder live – über Sport lässt sich gut diskutieren.

6 Min.

Training 29: Um welche Sportart geht es?

Setzen Sie bei diesen Begriffen die fehlenden Vokale ein! Als Hilfe wurde die deutsche Übersetzung dazugestellt.

_thl_t_cs – Leichtatlethik

r_f_r_ _ – Schiedsrichter

d_wnh-ll sk_ _ng – Abfahrtslauf

r_w_ng – Rudern

_c_h_ck_y – Eishockey

str_k_r – Stürmer

gymn_st_cs – Turnen

b_sk_tb_ll

cr_ck_t

f_g_r_ sk_t_ng – Eiskunstlauf

g_ *lk* _p_r – Torwart

Lösung 29: Um welche Sportart geht es?

Athletics, referee, downhill skiing, rowing, icehockey, striker, gymnastics, basketball, cricket, figure skating, goalkeeper

Es muss nicht immer *Ascot* sein – gerade die Briten sind ausgesprochene Fans von Wetten bei Pferde- oder Hunderennen. Mitmachen können Sie, wenn Sie wissen, dass Sie bei einem bookmaker Ihre Wette abgeben, *you place a bet*. Damit sind Sie

der *punter*, eine Person, die gesetzt hat. Sie setzen auf Sieg oder Platz, *you bet to win/on the nose*, oder *each way*. Wichtig ist die Entfernung, *the distance*, und *the going*, das ist das Geläuf. Es kann *hard, firm, good to firm, good, good to soft, soft* oder *heavy* sein. Haben Sie einen *dead cert* – einen totsicheren Tipp? Dann ist hoffentlich auch die Quote gut, *the odds*.
Interessanterweise stammen viele Ausdrücke im Alltagsenglisch aus dem Pferdesport:

- *The going's good* – es sieht gut aus
- *Stay the course* – bis zum Ende durchhalten
- *Fall at the first hurdle* – am ersten Hindernis scheitern
- *What are the odds of that happening?* – wie wahrscheinlich ist etwas?
- *It's a long shot* – es klappt wahrscheinlich nicht (aber man kann es versuchen)

Zu diesem Thema finden Sie ein weiteres Rätsel auf der CD-ROM!

CD-ROM

football und _soccer_

Experten-Tipp

Sicher haben Sie sich schon einmal gefragt, warum es beide Begriffe gibt: Football in Großbritannien ist unser europäischer Fußball, in den USA versteht man unter *football* aber *American football*. Man spielt es mit 11 Spielern pro Team und einem ellipsenförmigen Ball, der in das Tor geworfen und getreten wird. Bekannt ist das jährliche Endspiel in der amerikanischen Liga, der *Superbowl*. Europäischer Fußball heißt in den Staaten *soccer*.

Also: *I hear you are into football* – Ich habe gehört, Sie interessieren sich für Fußball.

Fußball ist unser Leben ...

Weltweit dankbares Thema

Fußball ist eines der wichtigsten Small Talk-Themen, das vor allem weltweit immer für ausreichend Gesprächsstoff sorgt. Die meisten Zuschauer kennen die wichtigsten Begriffe von unseren Fernsehkommentatoren ... *offside, goal* ... aber wissen Sie auch, was ein *linesman* oder *goal kick* ist?

10 Min.

Training 30: Alles rund um den Ball

Fügen Sie die Fachbegriffe den englischen Definitionen hinzu!

attacker – defender – extra time – goalkeeper – linesman – midfielder – own goal – penalty shoot-out – pitch – referee

1. the area where footballers play a match
2. the person who makes sure that the players follow the rules. Normally wears a black shirt and shorts, and has a whistle
3. the person whose main duty it is to indicate with a flag when the ball has gone out of play or when a player is offside – the referee's assistant
4. the player in goal who has to stop the ball from crossing the goalline. The only player who is allowed to handle the ball during open play
5. a player who plays in the part of the football team which tries to prevent the other team from scoring goals, e.g. 'Philip Lahm is a defender and plays in defence for Fc Bayern'.
6. a player who plays mainly in the middle part of the pitch (or midfield), e.g. Michael Ballack is a midfielder and plays in midfield for Chelsea and Germany
7. also called a forward; a player whose duty it is to score goals, e.g. Luca Toni is an attacker and plays in attack for Italy
8. if a match has no winner at fulltime, 2 x 15 minutes of extra time may be played in some competitions
9. a goal scored accidentally by a member of the defending team that counts in favour of the attacking team a goalkeeper
10. it takes place if a match is a draw after fulltime or extratime. Five players from each team take a penalty each, and if the score is still level after that, one player from each team takes a penalty in turn, in order to decide who wins the match

Vergessen Sie nie: *it's a game of two halves* – das Spiel dauert immer 90 Minuten!

Lösung 30: Alles rund um den Ball

Lösung

Diese Begriffe sollten Sie herausgefunden haben:

1. pitch
2. referee
3. linesman
4. goalkeeper
5. defender
6. midfielder
7. attacker
8. penalty shootou
9. own goal
10. extra time

Zum Thema Fußball werden Sie sicherlich in Small Talk-Begegnungen gefragt, ob Sie dies oder jenes mögen – wie können Sie sich ohne das banale *like* oder *don't like* ausdrücken bzw. es idiomatisch verstecken?

Training 31: Synonyme Ausdrücke finden

10 Min.

Suchen Sie für die folgenden deutschen Ausdrücke je drei englische Entsprechungen:

- „ich mag es"
- „ist mir egal"
- „ich mag es nicht"

Lösung 31: Synonyme Ausdrücke finden

Ich mag Fußball total gerne:

- *I'm really keen on football* – wild auf
- *I'm really into football* – ich stehe auf
- *I'm mad about football* – verrückt
- *I'm a big football fan*
- *I really enjoy football*
- *I do love football*

Gleichgültigkeit

Fußball ist mir egal:

- *I don't mind football*
- *I'm not really into football*
- *I'm not that keen on football*
- *I'm not really bothered about football*
- *Football? I can it take or leave it.*
- *I can live without footbal*l

Abneigung

Ich mag Fußball nicht:

- *Football's not my thing*
- *Football is not my cup of tea*

Ablehnung

Ich mag Fußball überhaupt nicht:

- *I hate football*
- *I can't stand football*

Small Talk-Thema Kino

Ein unverfängliches Thema

Ein unverfängliches Thema im längeren Small Talk sind aktuelle Kinofilme. Wer einen Film selbst gesehen hat, kann den Inhalt leicht nacherzählen. Selbst wenn Sie nicht oft ins Kino gehen, können Sie sich in den Programmheften vieler Kinos oder auch im Internet über die neusten Filme informieren. Häufig werden die Inhaltsangaben der neuesten Streifen auch auf Englisch gedruckt.

Training 32: Beschreibungen zuordnen

8 Min.

Lesen Sie die Filmtitel und ihre Beschreibungen durch. Welche Beschreibung gehört zu welchem Film?

Film Title	Type	Director	Cast
The Day after Tomorrow	Science fiction	Roland Emmerich	Dennis Quaid, Jake Gyllenhaal, Emmy Rossum
Garfield: The Movie	Comedy	Peter Hewitt	Bill Murray, Jennifer Love Hewitt
Finding Nemo	Animation	Andrew Stanton, Lee Umkirch	Nemo, Marllin, Dory
Stepford Wives	Comedy/drama	Frank Oz	Nicole Kidman, Bette Midler, Matthew Broderick
Harry Potter and the Order of the Phoenix	Fantasy/adventure	David Yates	Daniel Radcliffe, Emma Watson, Alan Rickman

Text 1: He's fat, smug and lazy. He loves lasagne and hates dogs. But when Odie suddenly disappears, he sets out to rescue him.

Text 2: The next instalment of the immensely popular children's book series. It's his fifth year at Hogwarts and He-Who-Must-Not-Be-Named seems to be about to return. Don't forget to bring your wands!

Text 3: Following a number of career-wrecking events and a series of nervous breakdowns, the former president of a TV network moves into an exclusive upper-class community with her husband. Together with her only friend Bobbie, she gradually discovers that all the blissfully happy wives around them share a technical secret.

Text 4: He disappears on his first day of kindergarten and goes on an adventurous journey before being rescued from a dentist's surgery by his father.

Text 5: Climatologists' worst nightmares have come true. The new Ice Age in the Northern hemisphere has begun. One of the few survivors, Jack Hall, is searching for his son in Manhattan.

Lösung 32: Beschreibungen zuordnen

- Text 1: Garfield
- Text 2: Harry Potter
- Text 3: Stepford Wives
- Text 4: Nemo
- Text 5: Day after tomorrow

Training 33: Titel einsetzen

5 Min.

Das folgende Gespräch dreht sich um einen Kinobesuch. An drei Stellen sollen Sie den Filmtitel einsetzen. Es ist jeweils einer der fünf oben beschriebenen Filme.

Silke: „Have you been to the movies lately?"

Doug: „Is anything good out?"

Silke: „Yes, I think so. How about going to the cinema tonight?"

Doug: „Why not? What's on?"

Silke: „There's ________________ (1)."

Doug: „No, come on, this is for kids."

Silke: „I wouldn't be so sure, it's quite a silly story alright, but the animation is amazing."

Doug: „Sorry, but I really don't want to see a fish going to kindergarten, not today."

Silke: „Maybe ______________________________ (2), then?"

Doug: „Ah, the one about New York being completely covered with ice and snow?"

Silke: „Yes, that's right."

Doug: „Sorry, I've seen that already."

Silke: „It looks as if making plans for tonight could turn out to be a lot harder than I thought ... So what about the ____________________ (3)?"

Doug: „The one with Nicole Kidman? Is that a thriller?"

Silke: „A sort of, at least it's supposed to have an unexpected ending."

Doug: „Yeah, alright then. Where is it on?"

Silke: „At the Rix, the Muxx and the ..."

Lösung 33: Titel einsetzen

1. Finding Nemo; 2. The Day after Tomorrow; 3. Stepford Wives

Wie Sie ein Gespräch wieder in Gang bringen

Sollte Ihnen trotz aller Bemühungen der Gesprächsstoff ausgehen, dann bitten Sie einfach um eine Empfehlung: *Have you got a good book/hairdresser/movie that you could recommend?*

Konzerte, Musik und Theater

Während Sie in Deutschland von Geschäftskontakten meist zum Essen eingeladen werden, kommt es in England häufig vor, dass kulturelle oder sportliche Ereignisse gemeinsam besucht werden.

Training 34: Wie heißt es auf Englisch?

5 Min.

Ordnen Sie den deutschen Begriffen die richtigen englischen Entsprechungen zu!

Chor		curtain
Dirigent		intermission (AE), interval (BE)
Dirigentenpult		play
eine Loge haben		playbill
Kasse		soloist
Orchestergraben		choir
Pause		conductor
im Parkett sitzen		box office
Plätze im zweiten Rang haben		row
Programmheft		sit in the stalls
Reihe		have seats in the upper circle
Solist		have a box
Stück		orchestra pit
Vorhang		conductor's podium

Lösung 34: Wie heißt es auf Englisch?

Chor	choir
Dirigent	conductor
Dirigentenpult	conductor's podium
eine Loge haben	have a box
Kasse	box office
Orchestergraben	orchestra pit
Pause	intermission (AE), interval (BE)
im Parkett sitzen	sit in the stalls
Plätze im zweiten Rang haben	have seats in the upper circle
Programmheft	playbill
Reihe	row
Solist	soloist
Stück	play
Vorhang	curtain

Hier finden Sie englische Ausdrücke möglicher Sitzplätze:

- *We have seats in/We are sitting in …*
- *the (dress) circle* – Balkon
- *the stalls* (AE: *parquet*) – Parkett
- *the dress/upper circle* – erster/zweiter Rang
- *the Gods* – ganz oben: die billigsten Plätze, hier kann man nicht viel sehen

Matinee

In England findet eine Matinee nicht unbedingt morgens statt – hier heißt die Nachmittagsvorstellung so. Sie ist normalerweise günstiger als die Abendvorstellung, man bekommt auch leichter Karten. Viele Leute gehen auch nach der Arbeit/Shopping ohne sich umzuziehen hin, sogar mit Einkaufstüten.

Wie war die Vorstellung?

War sie überragend, werden Sie den Schauspielern eine *standing ovation* geben – *Give somebody a standing ovation.* Gefällt dem

Publikum (*audience*) das Stück nicht, sind nach dem Ende Buh-Rufe zu hören – *the actors are booed off the stage*. Je nachdem, wie voll das Theater wird, spielen sie vor leeren bzw. überfüllten Rängen: *they play to an empty/packed house*. Was Sie am nächsten Tag in der Zeitung lesen, ist eine glänzende Kritik: *they get rave reviews*, oder ein Verriß der Kritiker: t*hey are panned / slated by the critics*.

Kritiken

- Eine Vorstellung kann gut sein: *great, marvellous, powerful, incredible, convincing, moving* (=ergreifend), *first rate, memorable, the performance of his/her career*
- oder leider nicht: *poor, weak, dire, over the top, unconvincing, second rate.*

Wenn Sie über eine Musikveranstaltung sprechen, heißt das ein *gig*, handelt es sich um Klassik, *concerts*. Treten andere Bands neben der Hauptband auf, nennt man sie *support act/band*. Der *venue* ist der Ort oder die Halle, in der die Band auf ihrer Tour spielt: *they're touring Europe/the US*. Wenn Ihnen das Konzert gefällt, rufen Sie *MO-RE!* (=ZU-GA-BE!)

Training 35: Die richtige Reihenfolge

6 Min.

Tanja und Sam unterhalten sich über Musik. Ihr Gespräch ist etwas durcheinander wiedergegeben. Bringen Sie es in die richtige Reihenfolge.

(1) Tanja: What kind of music do you like / are you into?

(2) Sam: I like/I'm into/I'm a big fan of rock music/a huge rock fan.

a) Sam: „It was, but they added some more dates to the tour."

b) Sam: „Yes, I recently managed to get tickets for the U2 tour."

c) Sam: „It was huge, but the acoustics were brilliant. How about you – what sort of music do you like?"

d) Sam: „Mainly the old favourites."

e) Tanja: „That's great. I'd love to see them play live! Who was supporting them?"

f) Tanja: „Oh, really? I'd heard it was sold out."

g) Sam: „Bon Jovi."

h) Tanja: „Oh yes? Do you go to a lot of gigs?"

i) Tanja: „Oh, right. And what was the venue like?"

j) Tanja: „Fantastic! I hear they're having a bit of a come-back. Did they play all the old hits or songs from the new album?"

(13) Tanja: „I prefer jazz, myself."

(14) Sam: „Do you play an instrument?"

Lösung

Lösung 35: Die richtige Reihenfolge

Die Sätze müssen in dieser Reihenfolge stehen:
(1), (2), h, b, f, a, e, g, j, d, i, c, (13), 14)

Small Talk-Thema Kunst

Vielleicht werden Sie auf eine *preview* (Vernissage) eingeladen, oder Sie sind auf einer *exhibition* (Ausstellung)? Dann können Sie über *paintings* (Gemälde), *drawings* (Zeichnungen) oder *sculptures* (sprich: skalpscha, Skulpturen) sprechen oder über den *artist* (Künstler).

Praxis-Beispiel

***Do you happen to know ...* – wissen Sie zufällig, wo er ...**

- where he exhibited first?
- where he was educated?
- where he was born?
- where he was originally from?
- what his main influences were?

Wenn Sie fachsimpeln möchten, sagen Sie *I believe the artist was a pupil of* ... – ich glaube, er war ein Schüler von ... Etwas vager sagen Sie einfach, an was Sie die Skizzen erinnern: *Those sketches remind me of* ...

Loben Sie die Exponate mit *they are simply outstanding, extraordinary, exceptional* (außergewöhnlich), *lovely, pleasing to the eye* (gefällig, schön anzusehen). Kritisieren Sie mit *weird* (bizarr),

strange, unusual, shocking, banal – aber immer mit Vorsicht, auf Englisch ist man selten direkt, schon gar nicht mit Kritik.
Auf der CD-ROM finden Sie eine Vokabelübung hierzu!

Mögen Sie Mozart? Na ja, es geht so ...

Höflichkeit geht vor

Manchmal ist es schwierig, sich diplomatisch auszudrücken, wenn man seinen Gesprächspartner noch nicht einschätzen kann. Wenn Sie auf die Frage *do you like Mozart?* antworten, dass Sie Mozart ganz schrecklich finden, könnte sich Ihr Gegenüber auf den Schlips getreten vorkommen.

Training 36: Spot the mistake!

5 Min.

Sie hören diese Bemerkungen in der Konzertpause. Anscheinend stammen sie aber nicht von echten Kennern ... Finden Sie die Fehler.

1. Mozart is one of my favourite conductors.
2. „All the world's a wage." I think that's Shakespeare, isn't it?
3. Oh, how I would love to play the flute, but unfortunately our flat is much too small to accommodate one.
4. I really love jazz, especially the songs by Jimmy Hendrix.
5. Do you go to belly often?

Lösung 36: Spot the mistake!

1. composers 2. All the world's a stage 3. would love to play the piano 4. I really love the blues 5. ballet

Füllwörter *realy* oder *so*

Ihre Sätze klingen „runder" und idiomatischer, wenn Sie ein kleines Füllwort wie *really* oder *so* einfügen. Vergleichen Sie:

- The traffic this morning was heavy.
- The traffic this morning was really heavy
- Our new colleague is helpful.
- Our new colleague is so helpful.

Small Talk –Thema Privates

Heim und Herd, Kind und Kegel

Nun zur Familie. Haben Sie sich schon etwas besser kennengelernt, ist es erlaubt, Familienverhältnisse zu klären: *Are you married*? ist als Frage in Ordnung. Außer *Yes, I am* oder *No, I'm not* können Sie folgende Antworten bekommen: *No, I'm divorced* (geschieden), *separated* (getrennt lebend) oder *widowed* (verwitwet). Meist folgt sofort die Frage *Have you got any children?* Wenn ja, gibt man am besten auch gleich das Geschlecht mit an, um dem Gegenüber so die Möglichkeit zu geben, weiter auf das Thema einzugehen: *Yes, I've got two sons and a daughter.* Weiter geht es mit *How old are they?*

Für ein längeres Gespräch über Kinder sollten Sie folgende Begriffe kennen:

- Krippe – *crèche*
- Kindergarten – BE *nursery school*, AE *kindergarten*
- Vorschule – *pre-school*
- Grundschule – *primary school*
- Gymnasium – BE *grammar school*, AE *highschool*
- Gesamtschule – *comprehensive school*

Wo leben Sie mit Ihrer Familie? In der Stadt, außerhalb (*downtown* AE), *in the town/city centre* (BE), *in the suburbs*)? Haben Sie eine Wohnung, eine Doppelhaushälfte, ein Reihenhaus? Haustiere (*pets*)? Sie sollten Ihre eigenen Lebensverhältnisse mühelos auf Englisch beschreiben können – dann verlieren Sie im Ernstfall keine Zeit mit der Suche nach den richtigen Vokabeln und können sich ganz auf die Formulierung weiterführender Fragen konzentrieren und der Konversationsfluss bleibt erhalten.

Eigene Verhältnisse auf Englisch beschreiben

Training 37: Wortschatz trainieren

6 Min.

Wie steht es um Ihren Wortschatz? Welcher deutsche Begriff passt zu welchem Englischen?

mother-in-law	Wohnung
semi-detached house	Wellensittich
terraced house	Doppelhaushälfte
guinea pig	Neffe, Nichte
budgie	Kindermädchen
crèche	Reihenhaus
nanny	Schwiegermutter
nephew, niece	Kinderkrippe
flat (BE), appartment (AE)	Meerschweinchen

Lösung 37: Wortschatz trainieren

mother-in-law	Schwiegermutter
semi-detached house	Doppelhaushälfte
terraced house	Reihenhaus
guinea pig	Meerschweinchen
budgie	Wellensittich
crèche	Kinderkrippe
nanny	Kindermädchen
nephew, niece	Neffe, Nichte
flat (BE), appartment (AE)	Wohnung

So entwickeln Sie längere Gespräche

Meistens ist es mit dem Erklären der Speisekarte und anderen höflichen Floskeln nicht getan. Man erwartet von Ihnen, dass Sie während des Essens oder an der Bar einen interessanten Gesprächspartner abgeben. Dabei sollten Sie folgende Fähigkeiten mitbringen:

Wichtige Fähigkeiten

- aktiv zuhören
- den Ball zurückspielen
- Themen finden
- Anekdoten spannend erzählen

Aktiv zuhören

Gute Zuhörer sind beliebt

Wie wichtig aktives Zuhören ist, wissen Sie aus eigener Erfahrung: Hat man das Gefühl, der Gesprächspartner reagiert nicht auf das, was man ihm gerade erzählt, deutet man sein Verhalten als Desinteresse und versucht, das Gespräch baldmöglichst zu beenden. Versuchen Sie deshalb immer, ein guter Zuhörer zu sein! Gute Zuhörer werden als angenehme Gesprächspartner geschätzt, paradoxerweise gerade auch dann, wenn sie selbst nicht viel sagen.

Rapport

Aktiv zuhören können Sie schon durch Ihre Körpersprache, mit Mimik und Gesten– auch dann, wenn Sie sich Ihrer Englischkenntnisse (noch) nicht allzu sicher sind. Schaffen Sie eine unsichtbare Verbindung zu Ihrem Gesprächspartner, den sogenannten „Rapport“. Versuchen Sie, eine ähnlicheKörperhaltung wie Ihr Gegenüber einzunehmen. Natürlich sollte sich niemand nachgeäfft vorkommen, doch diese Ähnlichkeit wird unterbewusst wahrgenommen und wirkt sich positiv auf die Grundstimmung der Unterhaltung aus. Suchen Sie Blickkontakt, nicken und lächeln Sie, seien Sie ganz bei der Sache und geben Sie zustimmende Laute von sich, sogenannte *polite noises* oder *silent sounds*:

Polite Noises

- *Oh! Mmh! Yes? Yes! No! No? Uhh. Wuah. Wow.*

Auch wenn Ihnen das jetzt übertrieben vorkommt, diese Reaktionen erfolgen ganz automatisch. Beobachten Sie sich selbst und versuchen Sie, in einem Gespräch absichtlich keine dieser zustimmenden Laute zu geben. Sie werden merken, dass es kaum möglich ist, beim guten Zuhören die *silent sounds* zu unterbinden.
Natürlich können Sie auch mit Wörtern oder kurzen Sätzen zeigen, dass Sie ganz Ohr sind:

Kleine Zwischenrufe

I see, really, right, is that the truth?, unbelievable, amazing, that sounds interesting, that's thrilling, how inspiring, I'm impressed, I guess, I suppose, that sounds absolutely smashing/wonderful /thrilling, sounds dangerous/painful/awful, oh no!, you're kidding!, that's impossible, how dreadful! how nice!, how lovely!

Am besten bilden Sie eine Kombination aus Mimik, *silent sounds* und echter Bemerkung.

Den Ball zurückspielen

Ihren Gesprächspartner regen Sie mit Feedback zum Weitersprechen an. Sie signalisieren „ich bin noch da", „ich interessiere mich für dieses Gespräch" und können so mehr Informationen erfragen. Vergleichen Sie:

Kleines Feedback

- a) „I'm going skiing next weekend." – „Are you? Where to?"
- b) „I'm going skiing next weekend." – „Really? Who with?"

In Version a) wird das Anhängsel (*question tag*) benutzt. Bei solchen Formulierungen ist es wichtig, auf die Grammatik zu achten. Ihr *question tag* sollte in genau der Zeit formuliert sein wie die Aussage, auf die Sie reagieren: Heißt es also *I am going …*, lautet die richtige Rückfrage *Are you?* Je nach Zeitform der Aussage ändern Sie auch Ihre Frage entsprechend:

Grammatikalisch korrekte Reaktionen

- „I was in China." – „Were you? When?"
- „I have been sailing for ten years." – „Have you? Whereabouts?"

Wenn Sie mit der Anwendung der einzelnen Zeiten noch unsicher sind und Sie durch langes Überlegen Spontaneität im Gespräch einbüßen müssten, können Sie auf ein unkompliziertes Feedback wie *Really?* oder eine Fragepartikel wie *When?* ausweichen.

Question Tags

Frageanhängsel sind auch eine gute Taktik, um als Sprecher Zustimmung einzuholen. Sie funktionieren dann als Rückfragen:

- „It is okay to park here, isn't it?" – Hier kann man parken, oder nicht?
- „You don't like chocolate, do you?" – Du magst keine Schokolade, oder doch?

Sie können sich so die Aufmerksamkeit Ihres Gesprächspartners sichern. Beachten Sie, dass auf verneinte Sätze eine positive Frage folgt und umgekehrt.

- „She *is* still in Liverpool, *isn't* she?"
- „She *isn't* in Liverpool any more, *is* she?"

Eine weitere Alternative ist die wörtliche Wiederholung des Themas, das so genannte Echo, zum Beispiel:

- Aussage: „We were planning to move house."
- Aktiver Zuhörer: „Move house?"

Sie können selbstverständlich auch den ganzen Satz mit einem fragenden Tonfall wiederholen oder Sie formulieren das Gehörte um. Kaum jemand wird Ihr „Echo" einfach übergehen, sondern mit weiterführenden Informationen darauf reagieren.

10 Min.

Training 38: Geschickt nachfragen

Üben Sie das Nachfragen ein. Schreiben Sie für die folgenden Aussagen in der Tabelle ein Frageanhängsel und mögliche Fragewörter auf wie in Beispiel 1.

1. I was in China. Were you? How long /who with/when?
2. Mark and Phil moved to L.A.
3. I love waterskiing.
4. Our assistent speaks Spanish.
5. We were planning to move house.
6. I am going to Rio.
7. Sue's daughter got married in May.
8. Sibil is going to Milan.
9. Tom was my best friend in school

Lösung 38: Geschickt nachfragen

2. Did they? When?/Why was that? 3. Do you? How often do you go? 4. Does she/he? How come? 5. Were you? Why?/Where to? 6. Are you? When?/For how long?/Who with? 7. Did she? Who to? 8. Is she? How?/When?/How long for? 9. Was he? Which school did you go to?

Kleine Zwischenrufe

Verstärken Sie Ihr aktives Zuhören, indem Sie Wörter, kleine Sätze oder Nachfragen einsetzen. Denn dadurch ermutigen Sie Ihren Gesprächspartner, seine Geschichte fortzusetzen. Der Small Talk wird so lebendiger, der Kontakt zu Ihrem Gesprächspartner intensiver.
Aber auch längere Kommentare und Zwischenfragen sind durchaus erlaubt und bei manchem Gesprächspartner sogar erwünscht.

Praxis-Beispiel

Durch kleine Sätze zum Weitererzählen ermuntern

- Really!?
- Oh no!

- You're kidding!
- That's impossible!
- How dreadful (furchtbar)! How nice!
- Wow!
- Nice!

Training 39: Zwischenfragen

6 Min.

Kommentieren Sie die folgende Anekdote an den mit Nummern gekennzeichneten Stellen mit *polite noises* oder Zwischenfragen. Ideal ist es, wenn Sie sich die Geschichte von einem Lernpartner vorlesen lassen.

Did I ever tell you about the most scary incident during my holidays in Turkey last year? No, you didn't. It was already quite late, you know, after the night club ...

Ergänzen Sie nun die Feedbacksätze an den mit Zahlen markierten Stellen:

Did I ever tell you about the most scary incident during my holidays in Turkey last year? (1) It was already quite late, you know, after the night club, (2) when we were coming back to our room, you know, there were these nice bungalow-like houses with four or six rooms, and ours was on the top floor. (3) So we were climbing up the ladder, giggling, of course, and then, all of a sudden, Joanne started screaming. (4) I soon found out why: there was a scorpion in front of the door of our room, (5) an enormous black one, with its body as long as my hand! (6) And, mind you, it just occurred to me that I had left the balcony door wide open! (7) Just imagine, that thing getting into our room! (8) Well, it only took us a few seconds to make up our minds. (9) Joanne was „securing" the scorpion with our plastic wastepaper basket from the room. (10) Yeah, she just put it upside down on top of the animal (11) while I was running to the reception to get someone to destroy it. (12)

Lösung 39: Zwischenfragen

1. No, you didn't, actually 2. Aha 3. Nice. (Go on, I'm curious) 4. What was the matter? 5. YES? 6. UUH, how terrible! 7. Oh no! You're kidding! 8. Wuah, no! 9. What did you do? 10. Clever move! 11. Right, aha 12. Puh ... That sounds like a close one/a narrow escape!

Selbst spannende Anekdoten erzählen

Auflockerung eines Gesprächs

Besonders kurze Anekdoten oder Geschichten eignen sich hervorragend zur Auflockerung der Gesprächsatmosphäre in Meetings und machen Präsentationen lebendiger. Jeder von uns kennt mehr als genug unterhaltsame Beiträge für Gesprächsrunden. Bringen Sie Spannung in Ihre eigenen Storys und erzählen Sie sie bündig, pointiert und zügig – auch auf Englisch.

5 Min.

Training 40: Einleitung einer Anekdote

Denken Sie sich in fünf Minuten eine „Einleitung" für eine Mini-Anekdote mit und rund um die folgenden Stichwörter aus:

holiday skiing knee hospital

Lösung 40: Einleitung einer Anekdote

Did I ever tell you about my skiing accident? This year I wasn't very lucky on our skiing holiday in Austria. I twisted my knee on the slope. I had to go to hospital for an x-ray*.
*Röntgenuntersuchung

Natürlich könnte man diese Informationen auch in einem einzigen Satz unterbringen. Warum stehen dann aber in dieser Musterlösung drei Sätze? Ihr Gesprächspartner bekommt dadurch die Möglichkeit, Zwischenfragen zu stellen bzw. durch *polite noises* auf Ihr Gesagtes zu reagieren. Daraus sollte sich wie von selbst ein längeres Gespräch entwickeln.

Leitfaden für das Storytelling

Eine Geschichte ist nicht von sich aus interessant. Bei vielen Storys lässt sich aber durch die richtige Struktur ein Spannungsbogen aufbauen. Bevor Sie die Geschichte erzählen, sollten Sie sich über folgendes im Klaren sein:

W-Fragen vorab beantworten

- Wer ist der Held/die Hauptfigur/der Protagonist?
- Wo findet das Geschehen statt?
- Wann spielt die Geschichte?
- Wie ist die Reihenfolge der Handlung?
- Wie endet die Geschichte?

Wie bringt man nun Spannung in eine Geschichte, die den Zuhörer fesselt? Beginnen Sie Ihre Geschichte mit einer (rhetorischen) Frage:

Rhetorische Fragen als Gesprächsaufhänger

- Sie kennen alle die Aldi-Brüder, oder?
  You all know the Aldi Brothers, don't you?
- Erinnern Sie sich an das letzte Meeting, an dem ich in Düsseldorf teilnehmen sollte?
  Remember that last meeting I was supposed to attend in Düsseldorf?
- Haben Sie schon einmal etwas von einem elektronischen Gerät gehört, das Roboto-Haustier genannt wird? Nein? Das wundert mich nicht. Bis zu meiner letzten Japanreise hatte ich auch keine Ahnung davon.
  Have you ever heard of an electronic device called Roboto-pet? You haven't? That doesn't surprise me. Until my visit to Japan, I wouldn't have had a clue either.
- ... das erinnert mich an ...
  ... that reminds me (of) ...

Integrieren Sir Ihr Publikum

Fordern Sie Ihr Publikum auf, über die weiteren Geschehnisse zu spekulieren:

- Raten Sie, was dann passiert ist.
  Guess what happened next.
- Sie glauben nicht, was er/sie dann gemacht hat.
  You wouldn't believe what he/she did then.
- Das glauben Sie niemals/im Leben nicht.
  You'll never believe this.

So wie Sie sich den Anfang einer Story gut überlegen, können Sie genauso ihr Ende durch interessante Schlusswendungen gestalten.

Experten-Tipp

So kommen Sie zum Punkt

- Um eine lange Geschichte abzukürzen ...
  To cut a long story short, ...
- Um zum Punkt zu kommen ...
  To get to the point, ...

Noch mehr Spannung erzeugen Sie, wenn Sie die ganze Aufmerksamkeit der Zuhörer auf einen bestimmten Moment lenken:

- Genau in dem Moment ... *At that very moment ...*
- Gerade dann ... *Just then ...*
- Als ... *When ...*
- dann plötzlich *Then suddenly*

So könnte der krönende Abschluss aussehen:

- Zum Schluss ... *In the end ...*
- Es stellte sich heraus ... *It turned out ...*
- Ende gut, alles gut. *All's well that ends well.*
- Tut mir leid, Sie zu enttäuschen, aber diese Geschichte hat kein Happy End. Also, warum erzähle ich sie dann?
  Sorry to disappoint you, but there's no happy ending to this story. So, why am I telling it?

Spontaneität ist gefragt

Wie in Ihrer Muttersprache gilt auch beim Storytelling auf Englisch, dass Sie spontan auf Ihre Zuhörer eingehen müssen. Entscheiden Sie mit Feingefühl, wie lang Sie die Geschichte werden lassen, und wählen Sie lieber eine Geschichte mit einem Ende, das auch den beabsichtigten Zweck erfüllt – eine Überleitung zu einem anderen Thema, Verdeutlichung oder ein Happy End, das für eine positive Grundstimmung sorgt.

Storytelling für Fortgeschrittene

Erzählen Sie eine Geschichte

Denken Sie an etwas Außergewöhnliches, das Ihnen selbst oder anderen zugestoßen ist, oder an einen Film, einen Roman oder ein Theaterstück, das Sie besonders beeindruckt hat. Inwiefern kann diese Geschichte mit dem Thema, über das Sie sprechen, sinnvoll verbunden werden? Bereiten Sie anhand der eben beschriebenene Schritte eine ein- bis zweiminütige Story vor.

Generell sollten Sie stets ein Thema wählen, das Sie selbst auch wirklich interessant finden und über das Sie sich auch länger unterhalten möchten, falls sich ein längeres Gespräch aus diesem Anstoß entwickeln sollte. Jetzt müssen Sie Ihren Zuhörer „nur noch“ mit der Geschichte fesseln und gut unterhalten.

Training 41: Was macht eine Story spannend?

5 Min.

Vergleichen Sie die beiden Geschichten. Eine ist spannender als die andere. Finden Sie heraus, warum.

Story A: Yes, we were in Greece for our holidays. The hotel was fine after we had sorted out some trouble with our booking. It wasn't easy to get the room at the top with a big terrace facing the sea. The food was gorgeous, too. I always asked Fred to ...

Story B: Guess where we went on our summer holidays this year? Yeah, Greece, exactly, on a tiny little island. We weren't that lucky with the hotel at first. No, really, they didn't give us the room with the view we had booked. So, I said „Fred, let's get out of here and take the next ferry to Mykonos." Anyway, we got that airy room at the very top, with a terrace twice as big as this room and a sunset every night, unbelievable. I felt like a princess – and so did Fred! Well, he felt like a prince, of course ...

Lösung

Lösung 41: Was macht eine Story spannend?

Geschichte B ist spannender erzählt, sie enthält weitaus mehr Details. Wir können uns vorstellen, wie wunderbar der Blick über das Meer sein muss und wie temperamentvoll die Erzählerin sich an der Rezeption durchgesetzt hat.

Erzählstrategien

Erzählen Sie Ihre Geschichten mithilfe dieser Strategien:

- Sprechen Sie die Gefühle, Sinne und Vorstellungskraft Ihrer Zuhörer an.
- Stellen Sie rhetorische Fragen – so halten Sie die Aufmerksamkeit der Zuhörer.
- Wiederholen Sie Passagen, um etwas zu betonen.
- Erzählen Sie in direkter Rede, das macht Ihre Geschichte spannend.
- Durch Vergleiche wird Ihre Story lebhafter.
- Würzen Sie Ihre Geschichte mit einer Prise Humor.
- Passen Sie Ihre Stimme der Erzählsituation an.
- Geben Sie Ihren Zuhörern durch kleine Pausen Gelegenheit zum aktiven Zuhören, zu einer Reaktion.

Kreatives Schreiben können Sie lernen

Sie glauben, Sie können keine Geschichten erzählen oder erfinden? Ihnen fehle die Kreativität? Dann helfen Übungen aus dem Kreativen Schreiben. Wählen Sie beispielsweise willkürlich drei Wörter, einen Namen, eine Jahreszeit und einen Ort. Versuchen Sie dann, um diese Fixpunkte herum eine Geschichte zu erfinden. Fällt Ihnen das zu schwer, können Sie auch ein Märchen als Rahmen wählen, zum Beispiel Rotkäppchen. Erzählen Sie die Geschichte von Rotkäppchen nach – schriftlich oder mündlich, dann am besten in ein Diktiergerät – aber in der heutigen Zeit. Dazu müssen Sie einige Parameter verändern. Aus dem bösen Wolf könnte ein Trickbetrüger oder Heiratschwindler werden, Rotkäppchen könnte statt in den dunklen Wald in ein überfülltes Einkaufszentrum oder eine dunkle Tiefgarage gehen, die Großmutter lebt vielleicht in einem Plattenbau, Altersheim oder sie ist nach Spanien ausgewandert. Mit kreativen Schreibspielen beweisen Sie sich selbst, dass Sie ausreichend Fantasie besitzen, und Sie üben gleichzeitig das zwanglose Plaudern.

Wenn Sie sich die Zeit nehmen, solche kleinen Geschichten auf Englisch durchziehen, erarbeiten Sie sich neben der notwendigen Praxis auch viel zusätzlichen Wortschatz.

To Do

Nacherzählen

Eine weitere gute Übung ist es, sich eine Begebenheit aus den Panorama-Seiten einer Tageszeitung auszusuchen. Versuchen Sie, die Geschichte zuerst mit eigenen Worten nachzuerzählen. Schreiben Sie sie auf und „würzen" Sie sie mit den in Training 41 gezeigten stilistischen Mitteln. Sie werden überrascht sein, wie schnell eine Nacherzählung spannend wird!

Mindmaps

Sie können auch mit Mindmaps arbeiten und Ihrer Fantasie freien Lauf lassen. Nehmen Sie ein großes Blatt Papier – A3 ist ideal. Schreiben Sie in einen Kreis in der Mitte die Hauptperson Ihrer Geschichte, zum Beispiel Rotkäppchen, und setzen Sie die anderen Beteiligten in ausreichendem Abstand zur Hauptperson um sie herum. Mit Pfeilen markieren Sie nun, was sich zwischen den Personen abspielt. Schreiben Sie über und unter die Pfeile, was geschieht. Mindmaps eignen sich hervorragend, um die eigenen Gedanken zu sortieren oder als Gedächtnisstütze beim freien Erzählen.

Experten-Tipp

Lassen Sie sich nicht aus Angst vor Fehlern blockieren

Verabschieden Sie sich von der Angst, sprachliche Fehler zu machen. Das hemmt Ihren Erzählfluss und Ihre kreative Energie. Natürlich sollten Grammatik und Wortwahl verständlich sein, aber es geht nicht um einen Schönheitspreis oder gute Noten in einer Klausur. Daran können Sie zu einer anderen Zeit und an anderer Stelle arbeiten. Was zählt, ist Ihr Engagement in Bezug auf die Geschichte und auf Ihre Zuhörer. Sie wollen unterhalten werden!

So sprechen Sie über das Essen

Ein gemeinsames Essen bietet viele Möglichkeiten zu plaudern. Doch zunächst müssen Sie einige Klippen umschiffen: Wie übersetzt oder erklärt man die Gerichte auf der Speisekarte? Wünscht man einen „Guten Appetit“ und wie? Wenn Sie dieses Kapitel durchgearbeitet haben, sollte dem Small Talk beim Essen nichts mehr im Weg stehen!

Training 42: Um welche Mahlzeit handelt es sich?

5 Min.

Welche Mahlzeit heißt wie? Orden Sie die richtigen Antworten zu.

afternoon – tea – breakfast – dinner – high tea – lunch – luncheon – supper (BE)

1. Die erste Mahlzeit des Tages. Traditionell Englisch gehören dazu warme Speisen wie Eier, Schinken, Würstchen, gebratene Tomaten oder Pilze sowie Cornflakes, Toast und Marmelade.
2. Mahlzeit in der Mitte des Tages.
3. Ein sehr formaler Ausdruck für ein sehr offizielles Mittagessen.
4. Eine Kanne Tee, dazu Sandwiches, Kuchen, Kekse etc.
5. Zusätzlich zu den genannten Speisen gehört auch ein leichtes Hauptgericht dazu.
6. Mahlzeit, die am Abend eingenommen wird.
7. Weniger aufwändige Mahlzeit am Abend, normalerweise im Familienkreis.

Lösung 42: Um welche Mahlzeit handelt es sich?

1. breakfast 2. lunch 3. luncheon 4. afternoon tea 5. high tea 6. dinner 7. supper (BE)

Das Dinner kann auch zur Mittagszeit stattfinden, wenn es sich um eine große Mahlzeit handelt. Supper ist eher ein unspektakuläres Abendessen zu Hause, von manchen auch *tea* genannt (BE).

marmalade und *jam*

marmalade ist Marmelade aus Zitrusfrüchten, zu *jam* werden alle anderen Früchte verarbeitet.

Nützliche Sätze für das Restaurant

Als Erstes stellt sich die Frage: Gehen wir essen und wenn ja, wohin? Wenn keine Zeit für einen *working lunch* bleibt, dann können Sie Folgendes vorschlagen:

- *I thought we could just grab a pizza or something?*
- *I thought we'd just work through lunch and eat later?*

Ist aber Zeit für ein echtes Arbeitsessen, wo gehen wir dann hin?

- *There's a nice little pub round the corner. They do very tasty lunch specials* (Mittagsmenüs).
- *Five minutes from here is a restaurant where we could sit outside.*
- *I thought you might like to try some of our local cuisine.*
- *You can get home-made „Apfelstrudel" there.*

Parlez-vous Franglais?

Kitchen und cuisine: Was ist der Unterschied? Kitchen ist der Ort, an dem tatsächlich gekocht wird. Cuisine bezeichnet die Art, zum Beispiel Thai cuisine, Italian cuisine – daher auch die eingedeutschte Nouvelle Cuisine.

Wie bei vielen Wörtern aus diesem Bereich wurden viele Begriffe aus dem Französischen ins Englische importiert – vergleichen Sie *cow* und *beef*. Eine Kuh lebt noch, auf Ihrem Teller liegt das beef (frz. boeuf).

Deutscher Begriff (Tier und Fleisch)	**Englischer Tierbegriff**	**Englischer Fleischbegriff**
Kalb	calf	veal
Schwein	pig, AE auch hog	pork
Schaf	sheep	mutton, lamb
Wild	deer	venison

Training 43: Antworten zuordnen

4 Min.

Im Lokal angekommen, sollten Sie nun Ihren Gästen mit der Speisekarte helfen. Ordnen Sie den folgenden Fragen die entsprechenden Antworten zu!

1. Just let me know if you want me to explain anything.
2. What would you like to drink?
3. Is there anything you don't eat?
4. Would you like a starter?
5. What would you recommend?

a) I'm afraid so. I'm allergic to fish.

b) You could try the trout. It's very good here.

c) Yes, please, what is „Eisbein"?

d) I'll just have a mineral water, please.

e) No, not really, thank you.

Lösung 43: Antworten zuordnen

1c, 2d, 3a, 4e, 5b

Guten Appetit! Oder nicht?

Please (do) start! sagen Sie, wenn das Essen Ihres Gastes bereits auf dem Tisch steht, Ihres aber noch auf sich warten lässt. Guten Appetit! oder Mahlzeit! zu wünschen gehört im deutschsprachigen Raum zum guten Ton. Aber was sagt man in England und Amerika? Sehen Sie sich den Dialog an!

Im Restaurant

(Die Kellnerin stellt das Essen auf den Tisch)

Marta: „So, good appetite." Joe: (guckt erst verwirrt und grinst dann) „Er: yes, indeed ..." Marta: (verunsichert) „Is that correct? Or should I say good meal-time?" Joe: (schüttelt lächelnd den Kopf) „Er: not really – we don't really have that custom. But you can say 'bon appétit'."

Marta: „Ok, so bon appétit!"

„bon appétit" ist korrekt

Leider tappt Marta zweimal ins Fehlernäpfchen, bevor Joe sie aufklärt. Entweder Sie sagen gar nichts – das mag Ihnen zu wenig erscheinen – oder Sie geben einen Kommentar ab, wie lecker das Essen aussieht (*that roast looks/smells delicious*). Umgangssprachlich hört man auch *Dig in*, was so viel bedeutet wie „hau rein". Immer richtig und angebracht ist *Enjoy your meal*, das entspricht am ehesten dem „guten Appetit". Gerne weicht man auch auf die französische Version aus, also „bon appétit!".

Nach den ersten Bissen sollten Sie sich erkundigen, ob es Ihrem Gegenüber auch schmeckt:

- *This is absolutely delicious. How is yours?*

Was würden Sie antworten? Nehmen wir an, Sie haben ein Steak mit Bratkartoffeln vor sich. Das folgende Training bietet

Ihnen eine ganze Reihe von Ausdrücken, die Sie auf eine derartige Frage antworten können.

That bloody steak!

Experten-Tipp

Achtung: Wenn Sie ein Steak bestellen, sagen Sie nie, dass Sie das Steak *bloody* möchten! Bloody bedeutet „verdammt" und wird gebraucht, wenn etwas nicht funktioniert: *The bloody car didn't start this morning.* Steak wird *blue* (sehr blutig), *rare* (blutig), *medium* oder *well done* (durchgebraten) serviert.

Training 44: The steak is ...

5 Min.

Sie haben ein Steak bestellt und Ihr Gegenüber erkundigt sich, ob Sie mit dem Essen zufrieden sind. In welchen der folgenden Begriffe steckt Lob, in welchen Kritik?

absolutely wonderful – a little disappointing – terrific – fantastic – tender – juicy – tough – too spicy – the best I've had in a long time – a little too rare – a little too well done

Lösung 44: The steak is ...

- Lob: absolutely wonderful/terrific/fantastic/tender/juicy/the best I've had in a long time
- Kritik: a little disappointing/tough/too spicy/a little too rare

Gerade in Großbritannien sollte man nicht zu negativ in seiner Kritik sein – man könnte den Gastgeber beleidigen, der das Restaurant vorgeschlagen hat.

Nachschlag annehmen oder ablehnen

Sie haben fast aufgegessen. Bei einer privaten Einladung wird spätestens jetzt ein Nachschlag angeboten. Möchten Sie eine zweite Portion? *Would you like some more? Would you like a second helping?*

- Ja, gerne: *Yes, please!*
- Danke, ich kann nicht mehr: *No, I am quite full, thanks.* Oder: *That would be nice, thanks.* Eine dritte Möglichkeit: *It was lovely, but I couldn't eat any more, thanks.*

dessert versus. desert

Wie wäre es stattdessen mit einem Nachtisch? *Now, how about a dessert?* Achten Sie auf die Aussprache: Die Betonung liegt bei dessert auf der zweiten Silbe [di'zöt], sonst bieten Sie eine Wüste an (desert, ['desət]).

Ablehnen können Sie das Dessert so:
- *Actually, I'd prefer some cheese.*
- *Better not. I'm on a diet.*
- *Thank you, but I'm really quite full.*

Oder Sie nehmen doch noch etwas Süßes:
- *Lemon tart, that sounds delicious!*
- *I'll go for the trifle* (BE, Biskuit mit Sahne, Pudding, Früchten).
- *Why not!*

Herr Ober, zahlen! – The bill (BE, check AE) please!

Wer lädt wen ein? Bei Geschäftsessen ist es üblich, über diese Frage ein wenig hin- und her zu verhandeln, wobei sich der Gast geschlagen geben sollte:

- *Let me get this.*
- *No, no, please, this is on me.*
- *Oh, no, I insist, you are my guest.*
- *Ok, but next time it will be my turn. You must come and see us soon …*

Trinkgeld – ein wichtiger Punkt

Sehen Sie sich die Karte genau an: Manchmal finden Sie vor allem in den USA den Satz 10 % service charge included, das bedeutet, dass Sie nur einen kleinen Betrag geben müssen. Ansonsten sind 15 % üblich – das Service Personal ist wegen des niedrigen Stundenlohns darauf angewiesen. In Großbritannien und Irland erwartet man ca. 10 %. Anders als in Deutschland, wo man beim Bezahlen den Betrag aufrundet, lässt man normalerweise einen Teil des Wechselgelds auf dem Tisch liegen. Es kann auch sein, dass Sie die Rechnung an den Tisch bekommen, aber an einer Kasse in der Nähe des Ausgangs bezahlen. Dort steht dann meistens eine Tip-Box oder eine extra Schale für das Trinkgeld.

Wer bezahlt?

Sie gehen mit Kollegen essen und jeder möchte für sich selbst bezahlen. Das ist im englisch-sprachigen Raum nicht üblich. Hier bekommt jeder Tisch eine Gesamtrechnung. Wenn Sie nun den Betrag teilen möchten, fragen Sie: *Shall we split the bill?* oder *Shall we go Dutch?* Wenn Sie mit Kollegen in einen Pub gehen, zahlt nicht jeder sein Getränk selbst: Es wird erwartet, dass jede Person aus der Gruppe einmal für alle Getränke an der Theke holt und bezahlt – die sogenannten *pub rounds.*

Wie rufe ich den Kellner?

In vielen Lokalen in den USA oder Großbritannien trägt das Personal ein Namensschild. Oft stellt sich die Kellnerin in Amerika auch vor: *Hi, I'm Veronica and I'll be your waitress tonight.* Gibt es kein Schildchen, das Ihnen aus der Patsche hilft, suchen Sie lieber Blickkontakt und rufen *Excuse me!* Man wird dann zu Ihnen kommen. In den USA heißt es nicht *The bill, please,* sondern *The check, please.*

Letztlich bleibt nur noch, dass Sie sich für den wunderbaren Abend oder auch das Mittagessen bedanken:

- *Thank you, it was a wonderful evening/lunch.*
- *I enjoyed it, too.*

Kennen Sie sich auf der Speisekarte aus? – Vokabular rund ums Essen

Wenn es darum geht, was Sie für sich selbst im Ausland bestellen, dann versuchen Sie sich vor allem Wörter für Speisen zu merken, die Sie überhaupt nicht mögen. Sie werden sie dann auf einer englischsprachigen Speisekarte leichter wiederfinden.

Auf Englisch erklären können

Dennoch ist es wichtig, dass Sie erklären können, was sich hinter einigen Gerichten verbirgt. Nicht alle Restaurants bieten ihre Speisekarte auch in englischer Sprache bzw. nicht alle wurden so übersetzt, dass man etwas damit anfangen kann. Häufig wird man mit Gästen im Restaurant zum Dolmetscher, und zwar in beide Sprachrichtungen: Sie erklären Ihren Gästen die Karte auf Englisch und dem Kellner auf Deutsch, dass ein Besteck fehlt. Darauf können Sie sich auf den folgenden Seiten vorbereiten.

8 Min.

Training 45: Begriffe zuordnen

Sortieren Sie die nachfolgenden Begriffe in die einzelnen Kategorien! Die ersten beiden sind bereits für Sie erledigt.

~~Brussels sprouts~~ – crab – eggplant – half pint – ham – knife – lobster – mushrooms – ~~mussels~~ – napkin – plaice – plate – poultry – prawns – shandy – sole – sparkling water – spinach – spoon – squid – tap water – trout – veal – venison

Fish	Meat	Drink	Seafood	Vegetables	Tableware
...	...	...	mussels	Brussels sprouts	...

Lösung 45: Begriffe zuordnen

- Fish: sole (Seezunge), plaice (Scholle), trout (Forelle), squid (Tintenfisch)
- Meat: venison (Wild), ham, veal (Kalb), poultry (Geflügel)
- Drink: shandy (Radler), half pint (BE Mengeneinheit, ca 0,25 l), tap water (Leitungswasser), sparkling
- Seafood: prawns, crab, lobster, mussels (Miesmuscheln)
  Vegetables: eggplant (Aubergine), spinach, mushrooms, Brussels sprouts (Rosenkohl)
- Tableware: napkin (Serviette), knife, spoon, plate

Vokabelhilfen

Umfangreiche Vokabelhilfen finden Sie auf der CD-ROM: Neben einer Tabelle, die nach den verschiedenen Bereichen sortiert ist, können Sie die Vokabeln mit mehreren Kreuzworträtseln einüben.

Deutsche Gerichte erklären

Stellen Sie sich vor, Sie sitzen mit Ihrem englischen Geschäftspartner in einem typisch deutschen, gutbürgerlichen Gasthof. Leider gibt es nur eine deutsche Speisekarte. Sie bieten freundlich an *If there's anything you'd like me to explain …*, darauf meint Ihr Geschäftspartner, übrigens Vegetarier: *Oh, thanks Adrian, but actually, I understand a few words of German, there's something with cheese on the menu* – Leberkäse Hawaii. *That sounds exotic. I think I'll have that.*

Wie erklären Sie jetzt einem Vegetarier, dass Leberkäse kein Käse ist? Da „Leberkäse" in wörtlicher Übersetzung auch nicht weiterhilft, müssen Sie den Begriff erklären und umschreiben. Dabei helfen diese Ausdrücke:

Umschreibende Ausdrücke

- *It tastes a bit like …*
- *It's made with/of …*
- *It's kind of …*
- *It's a little fatty/greasy/salty/sweet/spicy/hot* (scharf) …
- *It comes with/it's served with …*

Eine englische Erklärung für Leberkäse Hawaii

Well, it's not really a vegetarian dish. The translation is, of course, cheese, but it is actually a kind of meat paté which is baked in the oven. It is a little fatty and salty, and it tastes a bit like German sausages. This one comes with a slice of pineapple on top, but it is usually served with sweet mustard and pretzels.

Im folgenden Dialog lesen Sie, wie sich eine Besucherin aus Singapur letztendlich doch davon abbringen ließ, Blutwurst zu bestellen.

Wie erklärt man es am besten?

Suzie: So, Mark, what's "Blutwurst", then?

Mark: Well, you may not like it.

Suzie: No, no, I like everything. And I'm keen on trying out some local food. When in Germany ...

Mark: No, Suzie, really, it's very local.

Suzie: Fine with me, the more authentic, the better.

Mark: No, seriously Suzie, I don't think you will like it. It's a kind of ...

Suzie: But here it says that it's served with cabbage. Kohl, that's cabbage, isn't it, like your former chancellor, Mr. Cabbage.

Mark: Sure, but what I was trying to explain is that it's an acquired taste. Not everybody in Germany likes Blutwurst.

Suzie: Oh really? (immer noch neugierig)

Mark: Well, it's very fatty, a mixture of clotted pig's blood, fat and onions.

Suzie (verzieht jetzt das Gesicht): Argh. Right. Erm. Why didn't you say that right away? That sounds terrible!

Mark zeigt eine Engelsgeduld und behält die weniger appetitlichen Einzelheiten in der Zusammensetzung für sich. Das ist sehr höflich! Hier noch einmal die ausweichenden Sätze:

- *You may not like it* – vielleicht schmeckt es Ihnen nicht
- *It's very local* – es ist etwas sehr einheimisches
- *It's an acquired taste* – nicht jedermanns Sache

Restaurant-Tipp

Experten-Tipp

Planen Sie einen Restaurantbesuch mit Ihrem Geschäftspartner schon im Vorfeld. Schlagen Sie Übersetzungsmöglichkeiten für typisch deutsche oder österreichische Gerichte nach.

Übersicht über Zubereitungsarten	
baked	gebacken
boiled	(in Wasser) gekocht
breaded	paniert
cooked	gekocht
fried	gebraten
grilled	gegrillt
poached	pochiert
raw	roh, ungekocht
roasted	im Ofen gebraten
stewed	gedünstet

Training 46: Beschreibungen zuordnen

10 Min.

Ordnen Sie die folgenden Gerichte den untenstehenden englischen Beschreibungen zu.

1. Apfelstrudel – 2. Eisbein mit Sauerkraut – 3. Forelle blau – 4. Kaiserschmarrn – 5. Königsberger Klopse – 6. Rote Grütze – 7. Sauerbraten mit Spätzle – 8. Wiener Schnitzel

a) Before the pancake is ready, it is torn into smaller pieces.

b) Meat balls served in a sauce with capers and lemon.

c) Usually veal, but sometimes also pork. A thin slice is breaded and fried.

d) The beef is marinated in vinegar before cooking. ... a kind of home-made noodles.

e) Sliced, stewed apple pieces, rolled up in pastry. It is then baked in the oven.

f) The fruit is stewed and the result is a type of red fruit jelly.

g) A bit of boiling vinegar is poured over them, then they are cooked in water.

h) A pork knuckle, or leg, which is cooked for about one-and-a-half hours.

Lösung

Lösung 46: Beschreibungen zuordnen

1e, 2h, 3g, 4a, 5b, 6f, 7d, 8c

Ein Wort zum Thema Beilagen

Experten-Tipp

noodles und pasta

Unter *pasta* versteht man Nudeln im deutschen Sinn, d.h. italienische Teigwaren. *Noodles* sind zum Beispiel chinesische oder japanische Nudeln.

Beilagen (*side dishes* oder *side orders*) sind ein weiteres wichtiges Thema, vor allem Kartoffeln. Warum? Weil es bei Nudeln (*pasta*) oder Reis (*rice*) kaum unterschiedliche Arten der Zubereitung gibt, bei Kartoffeln dagegen schon.

To Do

Brainstorming

Überlegen Sie einmal, wie viele Arten, Kartoffeln zuzubereiten, Ihnen einfallen, sowohl auf Deutsch als auch auf Englisch.

Eine kleine Aufstellung finden Sie hier:

Deutsch	Englisch
Knödel	dumplings
Bratkartoffeln	fried potatoes
Folienkartoffeln	baked potatoes
Kartoffelbrei	mashed potatoes
Chips	crisps (BE), chips (AE)
Pommes Frites	chips (BE), French fries (AE)
Rösti	(something similar to American) hash browns
Salzkartoffeln	boiled potatoes

Erst Gäste bestellen lassen

Lassen Sie übrigens zuerst die Gäste ordern. *What do you recommend? What are you having?* Sie sollten stets die etwas gehobeneren Gerichte auf der Karte empfehlen. Wenn Sie sofort sagen, dass Sie nur einen kleinen Salat möchten, werden es Ihre Gäste aus Höflichkeit nicht wagen, etwas Größeres zu bestellen. Sprechen Sie erst über die Speisekarte, empfehlen Sie typische regionale Gerichte oder wenn Sie Ihre Geschäftspartner kennen, die Speisen, die ihnen wahrscheinlich zusagen werden. Spekulieren Sie verbal, was Sie selbst wohl gerne essen würden. Entscheiden Sie sich erst bei der Bestellung für die Kleinigkeit, nachdem der Kellner die Order der anderen Tischgenossen bereits aufgenommen hat. Erklären Sie dann Ihren Gästen, dass Sie sich plötzlich anders entschieden haben.

Seien Sie ein aufmerksamer Gastgeber

Experten-Tipp

Bieten Sie stets an, noch weitere Getränke, Salate oder Nachspeisen zu bestellen: *how about another beer/some dessert?*, vor allem, wenn Sie als „Dolmetscher" zwischen Ihren Gästen und dem Kellner fungieren. Ihr Gast sollte nie den Eindruck haben, Sie seien ein unaufmerksamer Gastgeber oder gar geizig!

Training 47: Dialog verbessern

6 Min.

Sind Sie sprachlich fit für den Restaurantbesuch? Dieser Minitest wird es zeigen!

1. Im folgenden Dialog stecken zehn Fehler. Finden Sie sie heraus und unterstreichen Sie sie.

   „Can you pass me the card, please?"

   „Sure, please here."

   „I love the roast pig with custard, that's one of my favourite foods."

   „Really? I'm not so safe about that. I think I eat the hacked roast with maze."

   „That sounds nice, too. Are you ready to command, then?"

2. Wie heißen die korrekten englischen Begriffe? Schreiben Sie den Dialog richtig auf.

Lösung 47: Dialog verbessern

1. Folgende Fehler sollten Sie unterstrichen haben: card – please here – pig – custard – foods – safe – I eat – hacked roast – maze – command
2. Die unterstrichenen Wörter haben eine andere Bedeutung. Sie werden nicht für Speisen verwendet. Was sie heißen und welche Begriffe stattdessen gebraucht werden, finden Sie hier:
   - *card* ist die Visitenkarte. Im Restaurant heißt Karte *menu* und für die Straße wird *map* verwendet.
   - Wenn man jemandem etwas gibt, eine Tasse Kaffee bringt oder Ähnliches, tut man das mit den Worten *Here you are.*
   - Das Fleisch heißt *pork* statt *pig* und *beef* statt *cow.*
   - *Custard* ist Vanillesauce, *gravy* Bratensoße.
   - *Foods* sind Lebensmittel. Für ein bestimmtes Gericht sagt man *dish.*
   - *Safe* ist sicher und wird verwendet, wenn echte Gefahr drohen könnte, zum Beispiel *Is this street safe at night?*
   - *I eat* nicht in diesem Zusammenhang: Beim Bestellen oder Aussuchen von Gerichten immer *I'll have the steak.*
   - Hackfleisch heißt minced meat. Nicht mit mint sauce (Minze-Sauce) verwechseln!
   - In Großbritannien spricht man *maize* zwar aus wie *maze,* ein *maze* ist ein Irrgarten. In Großbritannien ist mit *maize* eine Art Getreide gemeint, das Gemüse Mais wird *sweetcorn* genannt. Die Amerikaner sagen *corn* zu Mais.
   - *Command* ist befehlen. Richtig ist: *Are you ready to order?*

Korrekter Dialog

Deshalb müsste der Dialog folgendermaßen korrekt lauten:
„*Can you pass me the menu, please?*"
„*Sure, here you are.*"
„*I love roast pork with gravy, that's one of my favourite dishes.*"
„*Really? I'm not so sure about that. I think I'll have the minced meat with corn.*"
„*That sounds nice, too. Are you ready to order, then?*"

Passende Attribute für Speisen und Gerichte

Attribute beschreiben genauer

Dass *bread* Brot heißt, ist kein Problem. Aber was heißt Vollkornbrot? Und wie sage ich Beilagensalat oder Tagesgericht? Durch ein Attribut lassen sich häufig vorkommende Wörter wie Salat, Käse oder Gericht beliebig variieren. Das Prinzip lässt sich auch bei Getränken anwenden: Bier ist nicht gleich Bier (hell, gezapft, mit weniger Alkohol), auch Kaffee bekommt man mit oder ohne Koffein, als Eiskaffee oder aus Instantpulver.
Die folgende Vokabelübung hilft Ihnen, einige dieser Attribute zu lernen oder aufzufrischen!

Training 48: Attribute zuordnen

6 Min.

Welche Speise oder welches Getränk passt jeweils zu allen Attributen?

beer, bread, cheese, coffee, dish, menu, salad, steak

1. tender/juicy/tough/a little too rare/well done
2. fresh/green/side/mixed/Greek
3. wholemeal/white/stale/garlic/German
4. draught/lager/light/bottled/Guinness
5. black/white/iced/instant/decaf
6. favourite/traditional/vegetarian/low-calorie/~ of the day
7. daily/set/à la carte/vegetarian/extensive
8. cream/blue/melted/mild/Parmesan

Lösung 48: Attribute zuordnen

1. steak; 2. salad; 3. bread; 4. beer; 5. coffee; 6. dish; 7. menu; 8. cheese

Verhalten bei einer Einladung nach Hause

Wann treffen Sie ein?

Einladungen nach Hause sind durchaus üblich. Wenn Sie eingeladen werden, stellt sich zuerst die Frage, wann Sie bei Ihren Gastgebern eintreffen sollten. Die Faustregel in England lautet pünktlich um die angegebene Uhrzeit, in den USA sind ein paar Minuten später auch o.k. Je nach Nationalität herrschen andere Gewohnheiten. Deutsche sind normalerweise pünktlich, bei Südeuropäern kann es bis zu einer Stunde später werden. In Japan gilt, je mehr Respekt ein japanischer Gast Ihnen zollen will, desto früher wird er eintreffen – 30-45 Minuten vor dem eigentlichen Termin! Das kann unangenehm werden, wenn man es nicht weiß.

Achtung, bevor Sie das Haus betreten! In Asien ist es generell nicht üblich, die Straßenschuhe in einem Wohnhaus anzulassen. Ihre japanischen Gastgeber werden Ihnen sofort Hausschuhe anbieten, die Sie auch annehmen sollten. Und noch eine Besonderheit in Japan: Für den Gang zur Toilette benutzt man andere Hausschuhe als die bei Tisch. Sie werden die Schuhe aber ungefragt vorfinden.

Keine Rosen, keine Lilien

Die nächste Frage: Was bringe ich mit? Eine kleine Aufmerksamkeit freut jeden Gastgeber, eine Flasche Wein, Pralinen? Gern gesehen sind zum Beispiel Pralinen oder Knabbereien, die man aus dem eigenen Land mitgebracht hat. Achten Sie darauf, dass Sie lieber keine Fleischprodukte mitbringen. Sie bekommen Probleme mit dem U.S.-Amerikanischen Zoll, Ihre Gastgeber sind möglicherweise Vegetarier. Ein Blumenstrauß ist eine gute Idee – aber welche Blumen sind in Ordnung? Nehmen Sie keine Lilien oder Rosen mit, man wählt sie normalerweise für Beerdigungen bzw. romantische Dates. Gemischte Sträuße von guter Qualität sind immer eine gute Wahl.

Wenn bei Tisch Salz, Brot oder Wein für Sie unerreichbar steht, bitten Sie immer darum, dass es Ihnen herübergereicht wird. *Could you pass the salt, please?* Es ist äußerst unhöflich, sich ohne ein Wort zu sagen über den Tisch zu strecken.

Vorsicht mit Lob

In arabischen Ländern sollten Sie Gegenstände im Haushalt Ihres Gastgebers nie zu sehr loben oder zu großen Gefallen daran zeigen: Man wird es Ihnen schenken und tödlich beleidigt sein, wenn Sie es nicht annehmen!

Training 49: Wer sagt was?

5 Min.

Gastgeber (host) oder Gast (guest)? Ordnen Sie die folgenden Sätze den jeweils Sprechenden zu.

1. I'm afraid we are a little late. We had a little trouble parking the car.
2. These are for you!
3. You shouldn't have!
4. Come on in!
5. What a nice house/living room/ big garden!
6. Make yourself at home.
7. This is a special recipe from my grandma.
8. Help yourself to some more water.
9. A second helping?
10. No, thanks, I'm really quite full.
11. Could I have some more water, please?/Could I trouble you for some more water, please?
12. Could you pass the bread, please?
13. Well, that was delicious. Thank you very much!
14. It's been a lovely evening. Thank you for your hospitality.

Lösung 49: Wer sagt was?

- Der Gastgeber spricht die Sätze 3, 4, 6, 7, 8, 9, 12
- Der Gast die Sätze 1, 2, 5, 10, 11, 12, 13, 14.

Wenn Sie die Tipps, berücksichtigen und die wichtigsten Sätze für Gastgeber gelernt haben, die Ihnen in diesem Kapitel vorgestellt wurden, kann auch bei Einladungen gar nichts mehr schiefgehen!

Networking – So gelingt es Ihnen

Einladungen aussprechen, annehmen oder ablehnen

After work ausgehen

Nach der Arbeit mit Kollegen auszugehen ist in englischsprachigen Ländern üblicher als hierzulande. Seien Sie nicht überrascht, wenn Ihre Kollegen Sie bei einem längeren Arbeitsaufenthalt immer wieder fragen, ob Sie nicht nach Dienstschluss noch einen Drink zusammen nehmen. Es wird sicherlich auch passieren, dass man Ihnen Speisen oder Getränke anbietet, die Sie aber partout nicht mögen. Dann ist es auch in Ordnung, das Angebot abzulehnen – aber gerade dann ist Höflichkeit Trumpf!

Training 50: Positive und negative Antworten

5 Min.

Finden Sie für jede der vier Einladungen je eine positive und eine negative Antwort.

1. Would you like to join us for a meal this evening?
2. Would you like to come to our barbecue next Friday?
3. I think we could all do with a drink. How about our usual hangout*, the Four Swans?
4. Try some of these snails**! They are delicious, so tender and tasty!
5. Shall we go to lunch tomorrow?
6. Why don't we check out/try the new Thai restaurant in Spring Street?
7. Let's try the new coffee shop around the corner, shall we?

*Stammkneipe **Schnecken

Lösung 50: Positive und negative Antworten

Frage	Positive Antworten	Negative Antworten
1	Oh yes, very much, thank you.	Thank you, but I'm afraid I can't make it tonight/have got something on tonight/I'm busy tonight. Perhaps another evening?
2	Thanks. I'd love to.	I'd love to, but unfortunately I'll have to say no this time. I have to leave very early on Saturday morning. I think I'll need an early night.
3	That sounds great. You're on! The Four Swans it is! A drink? Now you're talking!	I'd better not. Unfortunately I've still got some more work to do to finish my report.
4	Why not? I'll give them a try.	Oh, no thank you, I'd rather not. Snails are not really my cup of tea*/I don't really fancy them (BE).
5	Sure, when shall we meet/where shall we go?	I'm afraid tomorrow's not good for me. How about next week sometime?
6	That would be great. I've been meaning to try it ever since it opened.	I'm not too keen on Thai food. Would you mind if we tried somewhere else?
7	Yes, let's! I've heard it's very nice.	Actually, I've heard it's rather expensive there. Do you mind if we go somewhere else?

* nichts für mich

Thank you cards und RSVP

Waren Sie privat eingeladen, sollten Sie sich am folgenden Tag nochmals für das wunderbare Dinner per Telefon, E-Mail oder Karte bedanken.

Lädt man Sie schriftlich zu einem Ereignis ein und Sie finden die Abkürzung RSVP (frz.: répondez s'il vous plaît) auf der Einladung, dann sagen Sie am besten schriftlich zu oder ab.

Vorschläge für eine schriftliche Zu- oder Absage

- Zusage:
  Thank you very much for your kind invitation. I/We would be delighted to accept and look forward to seeing you on Wednesday/on 12 June/next week, etc.
- Absage:
  Thank you very much for your kind invitation. Unfortunately I/we will be unable to join you on Wednesday/next week/on this occasion, as we are going on holiday very early the next morning. I/We hope you have a pleasant evening/wish you all the best with the party and are very sorry we are unable to come.

Sich bedanken, auf Dank und gute Wünsche reagieren

In englischsprachigen Ländern bedankt man sich weit mehr als in deutschsprachigen. Deshalb: Lieber einmal zu viel als zu wenig. Aber was erwidert man auf *thank you?*

Training 51: Auf Statements antworten

6 Min.

Was würden Sie auf diese Statements antworten?

1. Have a good weekend!
2. Do you need a hand with the projector?
3. Thank you so much for the copies.
4. Thank you for the lovely flowers.
5. Thank you for coming.
6. Good luck with your presentation!
7. Thank you for the wonderful dinner.

Lösung

Lösung 51: Auf Statements antworten

Nr.	Statement	Antwort
1	Have a good weekend!	Thanks, you too!/Thanks, the same to you.
2	Do you need a hand with the projector?	Thank you, that would be great/that's very kind of you.
3	Thank you so much for the copies.	Don't mention it/not at all/ you're welcome/no problem at all.
4	Thank you for the lovely flowers.	Don't mention it/you're very welcome. I'm glad you like them.
5	Thank you for coming.	Not at all. Thank you for having me/thank you for inviting us.
6	Good luck with your presentation!	Thanks, I'll need it!
7	Thank you for the wonderful dinner.	You're welcome/it's a pleasure/my pleasure. Please come again.

you're welcome

Die Standardfloskel *You're welcome* kann immer als Reaktion auf Dank angebracht werden, auch anstelle der in der Lösung genannten Alternativen. Erwidern Sie auf *Thank you!* niemals: *Please*!! Es wird nur einer Frage verwendet, wenn Sie etwas möchten oder um etwas bitten.
Sie können Ihre Floskeln für „gern geschehen" im Englischen aber auch wie folgt variieren:

- *you're (very) welcome*
- *it's okay*
- *no problem*
- *don't mention it*
- *not at all*
- *it's been a pleasure/my pleasure*

Experten-Tipp

Cheers! als Multifunktionswort

In England kann es auch vorkommen, dass man sich bei Ihnen mit *cheers* bedankt. Cheers ist ein Multifunktionswort und kann alles Mögliche bedeuten: prost, danke, auf Wiedersehen. In Großbritannien können Sie auch ein kurzes *ta* für *thank you* hören!

Sich herzlich verabschieden – oder diskret davonmachen

Ausführlichkeit bedeutet Höflichkeit

Sich mit einem kurzen *Goodbye!* oder *Bye bye* zu verabschieden, das wäre nun doch zu einfach. Manchmal drückt dieses kurze Wort auch nicht genug aus: Sie freuen sich auf ein Wiedersehen, bedanken sich oder erklären, warum Sie sich (schon) verabschieden müssen. Es gibt Dutzende Möglichkeiten, sich zu verabschieden – vor allem, wenn man eine Ausrede sucht …

Training 52: Wie verabschieden Sie sich?

12 Min.

Wie würden Sie sich in diesen drei Situationen verabschieden? Schreiben Sie Ihre Ideen auf und vergleichen Sie sie mit diesem Lösungsvorschlag.

Situation 1: Ein langjähriger Geschäftsfreund war drei Tage in Ihrer Stadt, Sie haben viel mit ihm unternommen.

Situation 2: Sie sind auf einer Vernissage. Jemand hat Sie angesprochen, aber Sie haben absolut keine Lust, sich mit dieser Person weiter zu unterhalten.

Situation 3: Gute Freunde haben Sie zum Abendessen eingeladen, es ist 0.15 Uhr und Sie halten morgen früh eine Präsentation bei einem wichtigen Kunden.

Lösung 52: Wie verabschieden Sie sich?

Situation 1:

A: Ali, thank you for your wonderful hospitality. I had a really great time.

B: Me too, Bernd. It was a pleasure having you. Give my love to Isabelle.*

A: I will. And I'll call you next week.

B: Yeah, fine, we'll be in touch. Have a safe journey!

A: Thanks, take care!

* *Give my love to Isabelle*: Grüße Isabelle von mir. Wenn Sie sich nicht so gut kennen, sagen Sie besser *Give my regards to Isabelle.* Das ist nicht so persönlich. Weitere Alternativen sind:

Weitere Alternativen

- Say hello to Vivienne (for me)
- Give Ernst my best, won't you?
- Remember me to Anne, won't you?

Situation 2:

A: You look familiar. Do I know you?

B: I don't think so.

(Leider können Sie hier noch nicht auf dem Absatz kehrt machen, das wäre zu unhöflich. Ein wenig müssen Sie noch durchhalten.)

B: It's my first time at M&S's. What's your connection with Michael and Sebastian?

A: We met at a teachers' conference in Liverpool last year. I'm Julia Nussgraber, by the way.

B: Oh, and I am Richard, Richard Karakassian. Ah, I'm afraid I must be going. It's been nice meeting you, Julia.

Richard verabschiedet sich, ohne einen Grund zu nennen. Wenn Sie aber erklären wollen, warum Sie gehen, müssen Sie auch in dieser Situation nicht unbedingt zu einer Notlüge greifen. Hier einige Vorschläge:

Zusätzliche Vorschläge

- If you'll excuse me, please. I need to go and find the ladies/gents.
- I'll be right back. I need to make an urgent phone call.
- I've got a plane to catch at 7.

- I'm afraid there's someone else I need to say hello to before he leaves.
- I really should go and say hello to my client.

Worte in die Tat umsetzen

Was Sie aber unbedingt tun müssen: Tun Sie genau das, wovon Sie gerade gesprochen haben, d.h. Sie sollten dann wirklich auf die Toilette gehen oder direkt zu der anderen Person. Sonst wirkt Ihr eleganter Abgang wie eine faule Ausrede, dass Sie das Gespräch nicht fortsetzen wollten. Eine weitere gute Taktik wäre es, Linda mit zu dieser anderen Person zu nehmen, die beiden vorzustellen und dann zu gehen.

Situation 3:
A: Oh, look at the time! It's after midnight.
B: Yes, time flies when you're having fun.
A: Susi, Hans, I'm sorry to cut the evening short but I really should head off/make a move. I'm giving my talk first thing tomorrow morning, and I really can't afford to look too tired. It's at Willes, you know.
B: Of course, that's no problem. So – we'll see you next Tuesday at the Chi Gong class!
A: You sure will. It's been a lovely evening. And thanks for the great lasagne! Bye!

Experten-Tipp

Auch der letzte Eindruck zählt

Ebenso wie für das Kennenlernen gilt, einen guten ersten Eindruck zu machen, sollten Sie sich, wenn Sie eine geschäftliche Veranstaltung verlassen, ein kleines Abschiedsritual nicht nehmen lassen. Sie wollen schließlich, dass man sich positiv an Sie erinnert und Sie beim nächsten Treffen wiedererkennt. Ohne ein dramatisches Brimborium zu inszenieren, schauen Sie Ihrem Gegenüber in die Augen, lächeln Sie freundlich, bedanken Sie sich für alles und bekunden Sie, dass Sie sich bereits jetzt darauf freuen, den Geschäftskontakt zu vertiefen. Wenn möglich, sprechen Sie ernstgemeinte Einladungen aus.

Verhalten am Ende einer Konferenz

Vor dem Kongresszentrum und im Foyer haben sich mehrere kleine Grüppchen gebildet, die Kontaktdaten und Visitenkarten austauschen oder sich verabschieden. Unter ihnen auch Monika, George, Claire und Richard. Monika will ihren Zug noch rechtzeitig erwischen und sich noch von allen verabschieden.

5 Min.

Training 53: Englische Entsprechungen

Lesen Sie den Dialog und suchen Sie die englischen Entsprechungen für die folgenden deutschen Sätze heraus:

1. danke für die Einladung nach ...
2. tausend Dank für Ihr Interesse an ...
3. ich freue mich darauf, Sie wiederzusehen
4. ich auch
5. wir sehen uns nächste Woche
6. Eine gute Heimreise!

George: Well, I guess, it's about time to say goodbye, Monika.

Monika: Well, I guess so. Thanks for inviting me to New Jersey, I really appreciate that. (sie sieht Richard und Claire). Oh look, who's here!

Claire: Mr Poschel, many thanks for your interest in our line of research. You have been very supportive throughout this conference. And please do come and see us in Frankfurt.

(Monika schaut auf die Uhr)

George: Well, as I mentioned earlier, ma'am, your work is very inspiring.

Richard: Okay, then – I'm looking forward to seeing you again in Brussels this July, Claire.

Claire: Me too. It was great seeing you again, Richard. Please say hello to Lucy and the kids.

Monika: Bye bye everyone. See you next week, George.

George: Have a safe trip home, Monika.

Lösung 53: Englische Entsprechungen

1. Thanks for inviting me to …
2. Many thanks for your interest in …
3. I'm looking forward to seeing you again.
4. Me too.
5. See you next week.
6. Have a safe trip home.

Geschäftsreisen – Vokabular für das Fliegen

Sicherlich haben Sie keine Probleme bei der Minimalkonversation am Check-in. Aber vielleicht Sonderwünsche in Bezug auf Ihren Sitzplatz?

Training 54: Flughafen-Vokabular

6 Min.

Prüfen Sie Ihr „Flughafen-Englisch" und setzen Sie diese Wörter in den Dialog zwischen dem Airline Staff (AS) und Ralph-Peter (RP) ein:

aisle – aisle – busy – card – early – flight – luggage – window – near – pieces – suitcase – ticket – unattended – yourself

AS: Good morning sir. Your ___________ (1) and passport, please.

RP: Here you are. Could I have an ___________ (2) seat, please?

AS: I'm afraid there are no more __________ (3) seats left, just __________ (4) seats. This __________ (5) flight is very _________ (6) today.

RP: Oh, what a shame. Could you maybe find me something _________ (7) the front?

AS: Yes, let me check, right, 3e, would that be okay for you?

RP: Yes, thank you, that's very kind of you.

AS: How many _________ (8) of __________ (9) have you got?

RP: Just this one ________________.(10)

AS: Did you pack it _________________ (11), sir?

RP: No, my wife ... ahh, of course, yes, I did.

AS: And have you left it __________ (12) anywhere since then?

RP: No, I have had it with me at all times.

AS: Okay, here's your boarding ________________ (13), gate 63, boarding at 6.25. Have a good ________________ (14).

RP: Thank you.

Lösung

Lösung 54: Flughafen-Vokabular

1. ticket; 2. aisle/window; 3. aisle/window; 4. aisle/window; 5. early; 6. busy; 7. near; 8. pieces; 9. luggage; 10. suitcase; 11. yourself; 12. unattended; 13. card; 14. flight.

Die verschiedenen Sitzmöglichkeiten in einem Flugzeug heißen auf Englisch window, middle oder aisle (Aussprache: [ail]) seat. Der vordere Bereich ist the front, hinten the rear of the plane. Weniger schaukelt es angeblich over the wings. Mehr Beinfreiheit verspricht der emergency exit, aber hier dürfen Sie kein Handgepäck (*hand luggage*) abstellen.

Internationale Geschäftsreisen

Internationale Geschäftsreisen gehören zum Alltag vieler Berufstätiger. Wie gut ist Ihr Wortschatz?

Experten-Tipp

Vokabeln für Autofahren

Wenn Sie im Ausland einen Wagen mieten, sollten Sie sich auch an der Tankstelle auskennen. Bleifreies Benzin heißt *unleaded petrol* (Aussprache: [ʌn'ledid]). Super- und Normalbenzin werden in Großbritannien als *four star* und *five star* bezeichnet, in den USA als *gas* in *premium* oder *regular* Qualität. Diesel ist diesel. Am besten Sie vergleichen die an den Zapfsäulen angegebenen Oktanzahlen. Achtung auch auf die Maßeinheit: Eine Gallone sind ca. 4 Liter.

Achtung Linksverkehr

Wenn Sie in den USA Auto fahren, vergessen Sie nicht, dass die Geschwindigkeitsbegrenzung auf US-Highways bei 65 bzw. 55 Meilen pro Stunde liegt, je nach Bundesstaat. Sie sollten sich unbedingt daran halten, denn auf *speeding* stehen empfindliche Geldstrafen. Werden Sie in den USA von der Polizei angehalten, bleiben Sie am besten ruhig im Wagen sitzen und legen Sie die Hände auf das Lenkrad, bis Sie zum Aussteigen oder Vorzeigen der Papiere aufgefordert werden. Auch das Fahren im Linksverkehr in Großbritannien oder Südafrika ist nicht ganz „ohne". Fahren Sie immer aufmerksam. Viele Reisende berichten aber auch, dass einem nach der Rückkehr auf den Kontinent am ehesten Fehler unterlaufen!

Training 55: Lösen Sie das Rätsel

10 Min.

Waagrecht: 2. too many cars, no movement 6. a piece of paper which proves that you have paid for something 8. when you plane departs late, there is a ... 9. your bags and suitcases 11. the part of a car rental insurance that excludes liability

Senkrecht: 1. opposite of departure 3. they check if you are importing goods 4. the space where you walk between the seat rows in an airplane* 5. while waiting to board your plane, you sit in the ... lounge 6. you don't own a thing, but pay to use it for a while 7. you go to this place to board your plane 10. presents

* BE: aeroplane

Lösung 55: Lösen Sie das Rätsel

- Waagrecht: 2. traffic jam; 6. receipt; 8. delay; 9. luggage; 11. waiver
- Senkrecht: 1. arrival; 3. customs; 4. aisle; 5. departure; 6. rental; 7. gate; 10. gifts

American English und British English

Unterschiede

Häufig gehen Amerikaner weniger streng mit der Grammatik um – so hört man in den meisten Popsongs falsche *if-clauses* (*if I would love you forever ….* statt *if I loved you forever*).
Auch Kleinigkeiten in der Rechtschreibung unterscheiden britisches und amerikanisches Englisch. Am einfachsten ist es, wenn Sie Ihr Textverarbeitungsprogramm auf britisches oder amerikanisches Englisch einstellen (Extras – Sprache – Sprache bestimmen), je nachdem, wohin Sie schreiben wollen. So vermeiden Sie, dass beispielsweise ein Amerikaner Ihre britisch korrekte Rechtschreibung für Tippfehler hält. Eine falsche Schreibweise wird auf dem Bildschirm unterringelt, wenn Sie die Rechtschreibprüfung aktiviert haben. Hier die wichtigsten Unterschiede:

britisch – amerikanisch

British	American
colo**ur**	colo**r**
drau**ght**	dra**ft**
theat**re**	theat**er**
reali**s**e	reali**z**e
trave**ll**ed	trave**l**ed
catalo**gue**	catalo**g**
enquiry	**i**nquiry
progra**mme**	progra**m**

Für die gesprochene Sprache sind jedoch unterschiedliche Bezeichnungen für bestimmte Gegenstände relevanter. Wenn Sie in England nach dem Aufzug fragen, sagen Sie *lift*, in den USA aber *elevator*.

Normalerweise kann man sich als Ausländer hier und dort verständigen, doch gibt es abgesehen von unterschiedlichen Akzenten diesseits und jenseits des Atlantiks auch andere Übersetzungen für ein deutsches Wort. Im folgenden Training finden Sie eine kleine Aufstellung, die Sie mit dem für Sie wichtigen Wortschatz ergänzen sollten.

Training 56: Korrekte Zuordnung

6 Min.

Setzen Sie die folgenden Wörter richtig in die Tabelle ein.

a return – cab – chemist – drugstore – elevator – estate – car – freeway – gas station – holiday – ladies/gents – lift – lorry – motorway – petrol/service station – to queue – rest rooms – round trip – roundabout – saloon – sedan – to stand in line – station wagon – subway – taxi – traffic circle – truck – tube; underground – vacation

Deutschland	**USA**	**Great Britain**
Aufzug		
Autobahn		
Drogerie		
Hin- und zurück		
Kreisverkehr		
Limousine		
Lkw		
Kombi		
sich in einer Schlange anstellen		
Tankstelle		
Taxi		
Toilette		
U-Bahn		
Urlaub, Ferien		

Lösung 56: Korrekte Zuordnung

Deutschland	USA	Great Britain
Aufzug	elevator	lift
Autobahn	freeway	motorway
Drogerie	drugstore	chemist
Hin- und zurück	round trip	a return
Kreisverkehr	traffic circle	roundabout
Limousine	sedan	saloon
Lkw	truck	lorry
Kombi	station wagon	estate car
sich in einer Schlange anstellen	to stand in line	to queue
Tankstelle	gas station	petrol/service station
Taxi	cab	taxi
Toilette	rest rooms	ladies/gents
U-Bahn	subway	tube, underground
Urlaub, Ferien	vacation	holiday

In diese Tabelle können Sie weitere Wörter eintragen, die speziell für Sie wichtig sind:

Deutschland	USA	Great Britain
...	...	...
...	...	...
...	...	...
...	...	...

Freundlich Hilfe anbieten, höflich um Hilfe bitten

Mitgefühl zeigen

Alltägliche und außergewöhnliche Katastrophen, Erfolge privater und geschäftlicher Natur – alles was passiert, können Sie weitererzählen und kommentieren.

Training 57: Schlüsselbegriffe einsetzen

12 Min.

Bei den folgenden Sätzen fehlen einige Schlüsselbegriffe. Setzen Sie die passenden Wörter in die markierten Lücken ein.

better – flopped – forward – hospital – married – pale* – pity – poor – redundant** – shame – sorry – time – tired – won

*blass **den Job verlieren

„Our contract with the television people (1)." – „What a ______ (2)!"

„How is your toothache?" – „A lot __________ (3), thank you!"

„Are you alright? You look a bit __________ (4)." – „Yes, thanks, everything's alright, I'm just a little __________ (5).

„Our son has got an appendicitis*." – "Oh dear, is he in ____________ (6)?"

„You won't believe it, but we've _____________ (7) the championship!" – „Congratulations!"

„Have you heard? Benny has torn his archilles tendon** just two days before the marathon." – „_____________ (8) Benny! What a ___________ (9)! He was so much looking ___________ (10) to it!"

„Tina will be the first to be made _______________ (11)." – „I'm really _______________ (12) to hear that."

„Have you heard the latest gossip? Chris and Josie are finally getting _______________ (13) next June." – „Good Lord, high _______________ (14) indeed!"

* Blinddarmentzündung **Sehne

Lösung

Lösung 57: Schlüsselbegriffe einsetzen

1. flopped: 2. shame/pity; 3. better; 4. pale; 5. tired; 6. hospital; 7. won; 8. poor; 9. shame/pity; 10. forward, 11. redundant; 12. sorry; 13. married; 14. time

Experten-Tipp

Achten Sie auf die Mimik und den Tonfall

In einem Gespräch ist oftmals relativ leicht, die Bedeutung eines Wortes zu erraten, selbst wenn man es nicht versteht. Die Mimik und Tonfall des Erzählers verraten meist, ob es sich um eine gute oder schlechte Neuigkeit handelt.

Thema Krankheiten/Unfall

Beim Small Talk können Sie in bestimmten Situationen durchaus auch auf das Thema Krankeiten und Unfälle kommen. Deshalb ist es hilfreich, wenn Sie hierzu weitere Vokablen kennen:

Deutsch	Englisch
einen Bandscheibenvorfall haben	to slip a disc
Rückenschmerzen	a bad back/(a) backache
Mandelentzündung	tonsilitis
Kopfschmerzen	a migraine/headache
Erkältung	a cold
rauher Hals	a sore throat
Ohren-, Zahnschmerzen	(an) earache, (a) toothache
geschwollene Drüsen	swollen glands
Magenverstimmung	an upset stomach
Lebensmittelvergiftung	food poisoning
eine Allergie auf etwas	an allergic reaction to something
sich den Knöchel verstauchen	to sprain one's ankle
sich den Arm/Bein brechen	to break one's arm/leg
die Treppe hinunterfallen	to fall down the stairs
vom Fahrrad fallen	to fall off one's bike
ausrutschen	to slip
einen Ski-/Radunfall haben	to have an accident skiing/cycling, to have a skiing/cycling accident

Hilfe anbieten

Ob Sie anbieten, jemanden im Auto mitzunehmen oder noch etwas zu erledigen – es ist im englischsprachigen Raum üblicher als in Deutschland, Hilfe anzubieten oder um Gefälligkeiten zu bitten. Deshalb sollten Sie auch immer eine Antwort darauf haben, vor allem, wenn Sie den Gefallen nicht tun können oder möchten. Höflichkeit ist gerade dann Trumpf!

Höflichkeit ist oberstes Gebot

Es gibt im Englischen viele Möglichkeiten, Gefälligkeiten anzubieten oder zu erbitten. Manchmal ist das aber nicht einfach zu verstehen.

Training 58: Einen Gefallen tun oder erbitten

5 Min.

Wissen Sie, ob in den folgenden Sätzen um einen Gefallen gebeten oder einer angeboten wird? Vermerken Sie das in der freien Spalte! B = Bitte, A = Angebot.

Could you do me a favour*?	B
I was wondering if I could use your phone?	
Do you need a hand?	
Shall I get you a ...?	
If you need anything, just let me know.	
Do you want me to copy this for you?	
Can I give you a lift to the venue?	
Would you mind checking these figures for me again?	
Could you possibly ring Peter to confirm the dates?	

* AE: favor

Achtung bei: Would you mind! -ING- Form

Lösung 58: Einen Gefallen tun oder erbitten

Mit den ersten und den letzten beiden Sätzen bitten Sie jemanden, etwas für Sie zu tun. Mit den anderen bieten Sie Hilfe an.

Gerund

Achtung! Auf die Formulierung *Would you mind* folgt immer ein Gerund, das heißt, das Verb wird in die -ing-Form gesetzt.

Auch die Antwort ist nicht so ganz einfach:
Would you mind checking these figures for me? heißt wörtlich übersetzt: „Würde es dir/Ihnen etwas ausmachen, diese Zahlen für mich zu überprüfen?" Wenn Sie sagen möchten: „Ja, das kann ich machen", lautet die Antwort auf Englisch *No, not at all*, das bedeutet auf Deutsch: „Nein, (es macht mir) überhaupt nicht(s aus)." Sagen Sie *I'm afraid I need to finish my report*, dann meinen Sie, dass Sie das nicht tun können. Wichtig: Bei „Nein" lautet die Antwort *I'm afraid* (und Sie ergänzen, warum) und nicht *Yes, I do mind* – das klingt, als wäre man nicht bereit zu helfen! Wenn Ihnen das in einer stressigen Situation zu kompliziert ist, sind Sie mit *No problem* auf der sicheren Seite, oder Sie sagen *I'm afraid I've got a meeting in five minutes.*

Do you want me to copy ...?

Die Formulierung *Do you want me to copy this for you?* kann wegen des Wortes *want* Verwirrung stiften, da man dabei automatisch an „wollen" denkt und glaubt, der andere will etwas von mir. Wenn Sie den Satz mit einem „dass" übersetzen, wird klarer, was mit der Struktur eigentlich gemeint ist: Willst du, dass ich das für dich kopiere? Die förmlichere Version lautet *Would you like me to do this for you?*
Wie im ersten Beispiel mit *me* können Sie jedes andere Pronomen hier einsetzen, zum Beispiel:

- Möchtest du, dass wir Thomas anrufen?
  Would you like us to call Thomas?
- Wann erwartest du, dass sie ankommen?
  When do you expect them to arrive?

Aus dem „wir" wird „us", aus dem „sie" wird „them". Sie sehen, mit einer wörtlichen Übersetzung kommt man hier nicht weit.

Wenn Sie eine einfachere Version bevorzugen, sagen Sie einfach *shall we call Thomas for you?*
Wie man um einen Gefallen bittet, haben Sie gesehen. Aber wie reagieren Sie am besten darauf? Im nächsten Training lernen Sie, wie Sie höflich zu- oder absagen. Wichtig ist vor allem: Kurze Antworten mit nur *yes* oder *no* sind verboten! Sie klingen viel zu harsch. Beachten Sie auch, dass fast immer ein Grund oder eine Erläuterung gegeben wird.

Training 59: Passende Antworten finden

8 Min.

Wie reagieren Sie am besten auf Bitten dieser Art? Suchen Sie die passenden Antworten zu den Fragen in der linken Spalte.

1. Could you do me a favour?	a) Thank you, but I think I can manage.
2. I was wondering if I could use your phone?	b) Of course. Have you got his mobile number for me?
3. Do you need a hand?	c) Thanks, but I'd rather take my own car – I need to go back to the office afterwards.
4. Shall I get you a ...?	d) Not at all. Just put the papers on my desk.
5. If you need anything, just let me know.	e) Well, actually, the battery is rather low and I'm expecting an important call from head office. I'm sorry!
6. Do you want me to copy this for you?	f) Sure. What is it?
7. Can I give you a lift to the venue?	g) Thanks, I will.
8. Would you mind checking these figures for me again?	h) Yes, please, if it's no trouble.
9. Could you possibly ring Peter to confirm the dates?	i) Yes, that would be very kind of you.

Lösung 59: Passende Antworten finden

1f, 2e, 3a, 4h, 5g, 6i, 7c, 8d, 9b

Yes – No sind zu wenig!

Wie Sie im vorherigen Training gesehen haben, antwortet man nicht einfach *yes* oder *no*, es werden stets Erklärungen mitgeliefert. Yes-oder No-Antworten wirken zu abrupt und stoßen einen Muttersprachler vor den Kopf. Sie können *yes* und *no* aber auch mit anderen Worten ausdrücken.

Yes, please – No, thank you

Wenn ein englischer Muttersprachler *Thank you* hört, könnte er entweder Ja oder Nein verstehen. Wenn Sie also ein Angebot annehmen wollen, sagen Sie am besten immer *Yes, please.* Wenn Sie ein Angebot ablehnen möchten, sagen Sie am besten *No, thank you.*

Bereits im Englisch-Anfängerunterricht lernt man, dass die Antwort auf die Frage *Are you German? Yes, I am* lautet und nicht nur *Yes*. Als Faustregel gilt: Je länger die Antwort, desto höflicher wird sie wahrgenommen.

Überlegen Sie sich Alternativen

Damit Sie nicht immer nur so verkürzt mit *Yes, No* oder auch *Maybe* antworten müssen, überlegen Sie sich doch einmal Alternativen.

Alternativen könnten sein:

- Für *Yes* könnten Sie auch sagen: *sure, certainly, absolutely, right, I think so, I am/I was/I do ..., of course*
- Statt *No* bieten sich diese Redensarten an: *not just now, not yet, I don't think so, well, not really, I shouldn't think so, I'd rather not, I'm not/I wasn't/I don't ..., I'm afraid not, Well, I wasn't planning to ...*
- *Maybe* können Sie mit folgenden Sätzen austauschen: *I don't know, I'm not sure, it's hard to say, could be*

Entspanntes Networking zwischen Tür und Angel

Peter: Hi Alex. Where are you off to then?

Alex (im Mantel): Hi Peter. I'm on my way to a project meeting on the design of the new prototype. There are a lot of people joining us from other locations, that's why they are holding it at the Marriott Airport hotel today.

Peter: Well, aren't you lucky? They have nice conference rooms and the catering is supposed to be really good.

Alex: Oh really? Sounds promising.

Peter: By the way, could you check on my design plans when you get back? I seem to have got stuck and would appreciate your input and a fresh eye.

Alex: No probs*, just mail them to me and I'll look at them tonight. Ah, here's the lift. Better be off now, otherwise I'll miss my train.

Peter: Sure, thanks Alex, talk to you tomorrow.

Alex: Cheers!

*No probs ist die Kurzform von No problem.

Training 60: Corridor Meeting – Asking for help

6 Min.

Sehen Sie sich den Dialog in idiomatischer Hinsicht an.

Was sagen Alex und Peter wenn sie Folgendes meinen:

1. The catering is supposed to be good:

a) People say the catering is good.

b) I suppose the catering is good.

c) I hope the catering is good.

2. I seem to have got stuck:

a) I am at a total loss what to do

b) I have problems with a colleague who is not very cooperative.

c) I have reached a stage were I cannot continue on my own.

3. I would appreciate a fresh eye

a) I would be grateful if someone who has not seen my plans before could look at them and perhaps bring in some new ideas.

b) I would be grateful if you could draw an alternative plan for me.

Lösung 60: Corridor Meeting – Asking for help

1a; 2c; 3a

Höflichkeit – eine Art Türöffner

Die Art der Deutschen wird im Ausland oft als zu direkt und forsch empfunden. Dabei können Sie Ihre Sätze auf einfache Weise an das englische Naturell anpassen. Vermeiden Sie das plumpe *I want. I would like to* ist höflicher, weniger direkt und wirkt nicht arrogant. Weitere „Softener" sind *should, may, might, could.* Sie können aber auch kleine Wörter in Ihren Satz einbauen, damit er nicht allzu fordernd wirkt:

- quite: I am quite busy at the moment.
- a bit: Monday would be a bit early for me.
- only: I will only keep you for a minute.
- perhaps: Perhaps it would be a good idea to ...
- just: I have just got one more question.

Kritik und Feststellungen wie *Her new hair colour is not very flattering* klingen auch weniger scharf, wenn Sie *I feel* oder *I think* vorausschicken.

Sprachliche Feinheiten – auf dem Weg zur Meisterschaft

In diesem Kapitel feilen wir ein wenig an Ihrer sprachlichen Genauigkeit. Natürlich muss im Small Talk niemand perfekt sein, aber wenn Sie sich exakter ausdrücken können, idiomatische Wendungen benutzen und typische Fehlerquellen vermeiden, können Sie sich besser ins Gespräch einbringen und haben auch mehr Spaß daran.

Proverbs – Sprichwörter

Farbtupfer im Gespräch

In vielen Situationen sind Sprichwörter nette Ergänzungen eines Gesprächs. Sie kommen in der Regel gut an. Kennen Sie die folgenden?

Training 61: Sprichwörter zusammensetzen

5 Min.

Setzen Sie die beiden Satzteile wieder richtig zusammen!

1. Like father	a) than never
2. No news	b) Out of mind
3. Better late	c) in one basket
4. A bird in hand is worth	d) do as the Romans do
5. Out of sight ...	e) there's a way
6. When in Rome	f) like son.
7. Don't put all your eggs	g) two in the bush*
8. Where there's a will	h) is good news.

*Übersetzung: Lieber den Spatz in der Hand als die Taube auf dem Dach.

Lösung

Lösung 61: Sprichwörter zusammensetzen

1f; 2h; 3a; 4g; 5b; 6d; 7c; 8e

Experten-Tipp

when in Rome ...

Häufig nennt ein muttersprachlicher Sprecher nur den ersten Teil des Sprichworts, den zweiten muss man sich dazu denken, zum Beispiel

- Hey Joe, have you heard anything about Jim? No, actually I haven't. But no news ...
- Are you doing sightseeing tomorrow? Yeah, we're going to the Louvre. When in Rome ...

Haben Sie Lust auf weitere Sprichwörter? Here you are ...

5 Min.

Training 62: Finden Sie die deutsche Entsprechung

Wenn Sie Ihnen partout nicht einfallen will, wie es auf Deutsch heißt, sehen Sie sich die Sätze darunter an.

1. Practice makes perfect
2. Every cloud has a silver lining
3. All that glitters is not gold
4. First come, first served
5. Call a spade a spade

a) Es hat alles etwas Gutes

b) Wer zuerst kommt, malt zuerst

c) Es ist nicht alles Gold, was glänzt

d) Das Kind beim Namen nennen

e) Übung macht den Meister

Lösung

Lösung 62: Finden Sie die deutsche Entsprechung

1e; 2a; 3c; 4b; 5d

Idiomatische Redewendungen

Ähnlich wie bei Sprichwörtern versteht man ihren Sinn, die aktive Benutzung fällt den meisten aber nicht leicht.
Manchmal sind es nur kleine Unterschiede zum deutschen Ausdruck, wie zum Beispiel bei „tausend Dank“ hängt der Engländer bei der Zahl einige Nullen an: „thanks a million“.

Training 63: Redewendungen einsetzen

6 Min.

Setzen Sie die folgenden idiomatischen Redewendungen in den Text ein. Achtung: Es stehen ein paar mehr als nötig auf der Liste.

I'm all ears	That was a piece of cake
Thanks a million	I'm a bit under the weather
Skin-deep	A blank check
The coast is clear	Join the club!
He's a real knowall	it dawned on me
That remains to be seen	That goes without saying

1. I've got some news for you. Tell me, ...
2. They don't know each other too well. Their friendship is only ...
3. ..., she said, sneezing and coughing.
4. After thinking about it for a while ...
5. How was your exam? ...
6. So, do you think you'll get the job? ...
7. ... ! That book is really what I've been looking for for quite some time.
8. Are you joining us next weekend? ...

Lösung 63: Redewendungen einsetzen

1. I'm all ears; 2. skin-deep; 3. I'm a bit under the weather; 4. it dawned on me; 5. That was a piece of cake; 6. That remains to be seen; 7. Thanks a million; 8. That goes without saying

In der folgenden Tabelle finden Sie eine Übersicht über häufig gebrauchte Redewendungen.

Häufig gebrauchte Redewendungen

Englisch	Deutsch
I'm all ears	ich bin ganz Ohr
That was a piece of cake	das war ein Kinderspiel
Thanks a million	tausend Dank
I'm a bit under the weather	ich bin nicht ganz fit
Skin-deep	oberflächlich, ohne Tiefgang
A blank check	Blankoscheck
The coast is clear	die Luft ist rein
Join the club!	Du auch! / willkommen im Club!
He's a real knowall	er ist ein richtiger Besserwisser
it dawned on me	es dämmerte mir
that remains to be seen	das muss man mal abwarten
That goes without saying	das versteht sich von selbst

Redewendungen eignen sich vor allem für Fortgeschrittene: Sie machen Geschichten und Anekdoten lebendiger und anschaulicher. Allerdings sollten Sie auch darauf gefasst sein, dass andere Nicht-Muttersprachler die eine oder andere Redewendung eventuell nicht kennen.

Lernen von Redewendungen ist aber auch amüsant und unterhaltsam. Sie lassen sich wegen ihrer Besonderheiten oft leichter merken als normale Vokabeln. Nehmen Sie das eingedeutschte Wort „Peanuts" für einen geringen Geldbetrag: Auf Englisch ist das *chickenfeed.*

Feststehende Redewendung

Wichtig ist hier, dass Sie in einem sogenannten *chunk* lernen. Ein Chunk besteht aus mindestens zwei Wörtern, die eine sinnvolle sprachliche Einheit ergeben. Zum Beispiel *it dawned on me*: Wenn Sie nur *dawn* nachschlagen und lernen, finden Sie

„Tagesanbruch". Mit der Übersetzung „Morgendämmerung" kommen Sie der Sache schon näher, um die Bedeutung dieses Chunks zu erschließen. Mit *to dawn* – dämmern verstehen Sie die Bedeutung vollständig. Wenn Sie *it dawned on me* richtig anwenden möchten, müssen Sie sich aber auch merken, dass am Anfang des Chunks *it* steht und nicht *this* oder *that*, und die richtige Präposition *on*. Im Chunk gelernt passieren Ihnen hier keine Fehler mehr. Ein weiterer Vorteil des Lernens in Chunks ist die schnellere Verfügbarkeit dieser sprachlichen Einheit. Ihr Gehirn stellt die gesamte Einheit sofort bereit, Sie suchen nicht mehr nach einzelnen Wörter oder der grammatikalischen Zusammensetzung.

In Chunks lernen

Phrasal Verbs

Wörter wie *go, come, get, bring* oder *take* versteht jedermann. Schwieriger wird es, wenn dem simplen *take* eine Präposition folgt, also *take up, take on, take down, take over* ... Damit ändert sich auch die Bedeutung, die oft mit der ursprünglichen nicht mehr viel gemeinsam hat. Interessant ist, dass Muttersprachler diese Zusammensetzungen bevorzugen, auch wenn es ein Synonym dafür gibt, zum Beispiel *I've taken up skiing* statt *I've started skiing.*

Training 64: Phrasal Verb *take*

6 Min.

Setzen Sie die richtige Präposition in die Sätze ein!

1. He takes ______________ his grandpa.
2. Can I take you ______________ on Friday?
3. I won't take ______________ what I said to Herman.
4. Have you heard? Sue has taken ______________ golf.
5. And imagine, she wouldn't take ____________ that silly pink hat.
6. I'm slowly taking ____________ the idea.
7. I took ____________ her new boyfriend immediately.
8. Thanks for the invitation, I'm going to take you __________ it soon.

Lösung 64: Phrasal Verb *take*

1. after; 2. out; 3. back; 4. up; 5. off; 6. to; 7. to; 8. up on

5 Min.

Training 65: Phrasal Verb *put*

Bringen Sie den englischen Begriff mit der richtigen deutschen Bedeutung zusammen.

abstoßen – einschläfern – sich abfinden – sparen – Umstände machen – verschieben – zunehmen – zurückstellen

1. Sam put away quite some money for his retirement.
2. Oh poor you! I also had to have a cat put down. How awful!
3. Don't forget to put the clock back on Sunday. Daylight savings time is over.
4. The way the buffet looked put me off quite a bit.
5. Klara must have put on something like 10 kilos.
6. We put our cinema date off to after X-mas.
7. Do you know how she can put up with a guy like that?
8. I hope I'm not putting you to any trouble.

Lösung 65: Phrasal Verb *put*

1. sparen; 2. einschläfern; 3. zurückstellen; 4. abstoßen; 5. zunehmen; 6. verschieben; 7. sich abfinden; 8. Umstände machen

5 Min.

Training 66: Phrasal Verb *get*

Setzen Sie die Satzteile wieder neu zusammen.

1. How are you getting	a) it out of her: they are engaged to be married.
2. We are getting	b) by on one income.
3. The Winters are just getting	c) into a routine.
4. I'll get	d) away from the office before 6.
5. I really can't get	e) back to you next week.

6. You mustn't let yourself get	f) over Karl now.
7. It looks as if Sue has got	g) on with Julia?
8. I got	h) there, slowly but surely.

Lösung 66: Phrasal Verb *get*

1g; 2h; 3b; 4e; 5d; 6c; 7f; 8a

Training 67: Phrasal Verb *go*

5 Min.

Wählen Sie die richtige Präposition! Nur eine Lösung ist richtig.

1. As far as I know, they go both for – with – after the same man.
2. The story goes down – back – on a long time.
3. That red wine would go over – down –with very well.
4. What are you going for – after – to? The lasagne.
5. No, you first. Just go in – into – ahead.
6. He went off with 2.5 million of the company's money.
7. It does go well with – on – by the chicken!
8. Are you going over to – into – up to Scotland next weekend?

Lösung 67: Phrasal Verb *go*

1. after; 2. back; 3. down; 4. for; 5. ahead in der Bedeutung vorgehen, weitermachen, in: hineingehen; 6. off; 7. with; 8. up to

Training 68: Phrasal Verb *bring*

5 Min.

Setzen Sie die fehlenden Präpositionen in die Sätze ein.

about – along – back – down – forward – on – up – up

1. Then they brought ________ the topic of teen marriage.
2. Beethoven always brings me ________.
3. He was brought ________ in Cornwall.
4. Just bring your friends ________.
5. That chocolate cake brings ________ memories.

6. Our trip has been brought ________ by two days because of the weather.
7. What brought __________ his change of heart?
8. His heart attack was brought ________ by too much work.

Lösung 68: Phrasal Verb *bring*

1. up; 2. down; 3. up; 4. along; 5. back; 6. forward; 7. about; 8. on

Do oder make?

Häufig ist man sich unsicher, ob ein Substantiv im Englischen nun mit make oder do verwendet wird. Als Faustregel können Sie *make* für eine höhere Trefferquote verwenden, denn viermal so viele Substantive funktionieren mit *make*, der kleine Rest mit *do*.

6 Min.

Training 69: Do oder Make?

Welche Wörter werden mit *do*, welche mit *make* verwendet?

a compaint, a decision, a favour, a mistake, a noise, a phone call, an effort, an exception, an excuse, badly, good, money

Do	Make
...	...

Lösung 69: Do oder Make?

- do: a favour, good, badly
- make: a compaint, money, a noise, a phone call, a decision, a mistake, an excuse, an exception

Confusing pairs

Kennen Sie das? Sie wissen das Wort, aber da gibt es noch ein anderes, das fast genauso klingt oder geschrieben wird. Welches ist in meinem Satz richtig? Und ist das andere komplett falsch, mache ich mich lächerlich?

Training 70: Welches Wort ist richtig?

6 Min.

Entscheiden Sie in jedem dieser Sätze, welches Wort das richtige ist.

1. I'm glad I bought that car. It's so economic/economical.
2. You can hard/hardly see the difference to a real diamond.
3. What a sensible/sensitive decision not to move to France!
4. What? That prize/price is outrageous.
5. Have you see my new clothes/cloths yet? No, but I'm sure they'll suit you.
6. Careful! The screw is lose/loose! Try not to lose/loose your password.
7. Jamie Oliver is the perfect chef/chief.
8. I was completely out of breath/breathe at the mountain top.
9. They used to sell stationery/stationary in that little corner shop.
10. I'd like to complement/compliment you on your excellent taste.
11. Sarah, whose in charge of the homework/housework, John or you?
12. That roast is very tasty/tasteful!

Lösung 70: Welches Wort ist richtig?

1. economical – wirtschaftlich, sparsam
2. hardly – kaum
3. sensible – vernünftig
4. price
5. clothes
6. looselocker, lose – verlieren
7. chef – Chefkoch
8. breath – Atem
9. stationery – Schreibwaren
10. compliment – Kompliment machen
11. housework – Hausarbeit
12. tasty – lecker

Damit Sie besser verstehen, warum gerade die in der Lösung genannten Wörter korrekt sind, können Sie im Folgenden jeweils eine genauere Erklärung nachlesen:

1. *What's the economic situation like in your country?* Wie ist die wirtschaftliche Lage in Ihrem Land? Mein Wagen ist aber sparsam – *economical*
2. *it's hard to get up at 5.30 every morning* – es ist hart, aber ich würde sagen *I hardly ever get up at 5.30* – ich stehe kaum um halb sechs auf.
3. Leute mit empfindlicher Haut sollten sich nicht der Sonne aussetzen – *people with sensitive skin should not expose themselves to the sun. sensible* – vernünftig
4. Sie bezahlen einen *price* für eine Ware, bei einem Wettbewerb gewinnen Sie den ersten *prize.*
5. Ein *cloth* ist ein Lappen, Tuch oder unbearbeiteter Stoff, *clothes* sind die Kleidung.
6. *loose* – locker, *lose* – verlieren
7. *chef* – Koch, Küchenchef
8. *I can't breathe in here, the air is so stale* – ich kann hier nicht atmen. *to breathe* ist das Verb, *breath* – Atem das Substantiv.
9. *a stationery* – im Deutschen ist das das Pluralwort Schreibwaren. Ein Fahrzeug kann *stationary* sein, d.h. es befindet sich im Stillstand: *prior to the accident, Mr White's vehicle*

was stationary – vor dem Unfall befand sich der Wagen von Herrn White im Stillstand.

10. *the blue boots complement my outfit* – vervollständigen, im Gegensatz zu ‚ein Kompliment machen' *to make a compliment*
11. In der Schule, in Ihrem Englischkurs bekommen Sie *homework*. Putzen, Staubsaugen, Kochen, das ist *housework*.
12. *tasteful* wäre zum Beispiel eine Wohnungseinrichtung, Kleidung. *tasty* bezieht sich nur auf Essen.

Karrieretipps für guten Small Talk auf Englisch

Die zehn Gebote des Small Talk

Augenkontakt

Nehmen Sie Augenkontakt auf und lächeln Sie erst. Versuchen Sie so herauszufinden, ob ein Gespräch überhaupt willkommen ist. Vermeidet Ihr Gegenüber den Blickkontakt ist das ein klares Signal, dass kein Gespräch gewünscht wird.

Körperhaltung

Nehmen Sie eine lockere, aufgeschlossene Körperhaltung ein. Vermeiden Sie in jedem Fall eine defensive Haltung mit verschränkten Armen und/oder Beinen, spielen Sie nicht an Ihren Haaren oder Schmuck herum.

Lassen Sie sich mit dem Vorstellen Zeit

Sie sollten es mit dem Vorstellen nicht zu schnell angehen. Dafür ist später auch Zeit, wenn Sie es noch wollen. Schnell handelt man sich die ersten Minuspunkte ein, bevor ein Gespräch überhaupt begonnen hat. In Amerika liebt man es jedoch, sich sofort namentlich vorzustellen. Wenn Sie unsicher sind, warten Sie am besten, bis sich Ihr Gesprächspartner vorstellt oder Sie nach Ihrem Namen fragt.

Nutzen Sie Ihre Umgebung als Inspiration für Kommentare

Auf Konferenzen oder Messen kann man sich zum Beispiel nach dem bisherigen Verlauf erkundigen: *What did you think of the last speaker? How do you find this year's systems?* Geben Sie

Kommentare zu gemeinsamen Erlebnissen oder Beobachtungen ab, beispielsweise *I think this is a great conference venue. It's so conveniently located* – dazu gehört natürlich auch das Wetter, die Aussicht oder das Essen.

Halten Sie den Gesprächsfluss aufrecht

Vergessen Sie die Frageanhängsel nicht *isn't it?, don't they?*, damit der Gesprächsfluss nicht ins Stocken gerät. Wenn Sie nicht über die richtige Verbform nachdenken wollen, können Sie statt *isn't it?* auch *perhaps* oder *maybe* sagen.

Hören Sie aktiv zu

Reagieren Sie positiv und unterstützend auf die Worte Ihres Dialogpartners. Entweder verbal: R*eally? I see. Oh, right.* oder mithilfe von Körpersprache: Lächeln, einfaches Kopfnicken, Augenbrauen hochziehen, etc. Aktives Zuhören ist eine gute Technik, wenn Sie selbst nicht so viel sprechen möchten.

Bohren Sie nicht mit Fragen

Stellen Sie keine allzu direkten Fragen – das kann als drängelnd und aggressiv aufgefasst werden. Die englische Sprache eignet sich zudem hervorragend, um auf indirekte, höfliche Weise zu fragen und zu antworten.

Offene Fragen sind Trumpf

Stellen Sie lieber offene Fragen wie *How was it?* oder *How do you find it? What is it like?* Auf diese Weise stellen Sie sicher, dass Ihr Gegenüber frei antworten kann und sich nicht in die Ecke gedrängt fühlt. Und Sie vermeiden ein abruptes Ende des Gesprächs mit Ja oder Nein.

Nörgler unerwünscht

Lassen Sie Ihr Gespräch nicht ins Negative abdriften – gleichen Sie negative Kommentare mit Positiven aus.

Keine CIA-Agenten

Geben Sie Ihrem Gesprächspartner Raum, stellen Sie nicht eine Frage nach der anderen wie in einem Verhör. Ab und zu tut eine kleine Stille Ihrer Unterhaltung auch gut.

Improving your general English

Start reading more in English – like this file, English versons of websites, Monday's supplement in Süddeutsche Zeitung, weekly supplements in the FAZ etc.

Try to read/study for 10-15 minutes a day rather than 2 hours per week at one go – Remember the German proverb „Steter Tropfen höhlt den Stein".

Collect and use some „bluffing words" to impress e.g. amazing! Phantastic! They correspond to German expressions like Schön! Genau! and prove you are a smooth communicator (For more details see Kapitel Aktiv Zuhören S. 97).

Go to the BBCRadio.com website, listen to the news, click on a news item and read and listen at the same time.

Think about learning: what works for you from past learning experiences?

Go to your local library/any big bookshop and pick up so called audio books (Hörbücher) in English. You can usually choose among a wide range of all kinds of literature. Listen at home while you are doing housework, prepare a meal and eat it, or sit back, relax, listen and enjoy.

If you have a DVD player, why not add the English subtitles while watching the English version?

Check amongst your friends if they have similar objectives (Ziele) to improve their English and meet and have a drink or a meal while speaking English.

In many big German towns and cities there are special-interest groups, e.g. the German English Association, who have regular get-togethers of native English speakers and Germans doing different things while speaking English.

Always carry something to read in English with you. To reduce weight, make photocopies of articles, tear out newspaper pages. Use any waiting time for reading, eg. at the supermarket check-out, in public transport, etc.

Karrieretipps Networking

Gerade wenn Sie ungern smalltalken, können Ihnen die folgenden Tipps helfen, sich wohler zu fühlen. Bereiten Sie Ihren Small Talk stets gut vor, noch bevor Sie einen Gesprächspartner treffen.

- Ein non-verbaler Tipp vorweg
  Seien Sie stets offen und aufgeschlossen und signalisieren Sie das auch durch Ihre Mimik und Körperhaltung. Der optische Eindruck ist schon die halbe Miete!
- Sie sollten immer über drei Themen plaudern können.
- Suchen Sie nach Gemeinsamkeiten.
- Sprechen Sie über das, was Sie sehen können, In Ihrer unmittelbaren Umgebung gibt es mehr als genug Gesprächsaufhänger
- Machen Sie ehrlich gemeinte Komplimente.
- Lesen Sie! Viele allgemeine Themen aus Zeitungen, Zeitschriften, Internet etc. bieten sich als gute Aufhänger für ein Gespräch. Echte „Networker" schwören auf die Lektüre sogenannter Klatschzeitschriften, weil die dort verbreiteten Inhalte harmlose Gesprächsthemen bieten, bei denen jeder mitreden kann.
- Begeistern Sie sich! Vor allem für Ihre eigenen Interessen, denn dann haben Sie bei diesen Themen auf natürliche Weise eine positive Ausstrahlung.
- Tun Sie Dinge, die Sie normalerweise nicht tun (zum Beispiel Sightseeing in der eigenen Stadt, eine neue Sportart

ausprobieren oder Schnupperkurs in einer neuen Sprache machen) – über diese Erlebnisse können Sie wunderbar und mit Überzeugung erzählen.

Und ein Trost zu guter Letzt: Small Talk ist auf Englisch einfacher als auf Deutsch, weil Sie ihn „neu" lernen, nicht nur von der Vokabelseite, sondern auch mit gewissen Techniken. Engländer und Amerikaner machen es uns als Gesprächspartner leichter, weil sie das Spiel kennen und den Gesprächsfaden nicht abreißen lassen. Deshalb bauen sie ihren Gesprächspartnern stets Brücken. Nehmen Sie diese Brücken an! Es besteht garantiert keine Einsturzgefahr!

Abschlusstest

In diesem Abschlusstest können Sie Ihre erworbenen Kenntnisse überprüfen und vertiefen. Sie sollten damit in 30 Minuten fertig werden.

Abschlusstest Task 1

Bringen Sie die beiden Gegenteile zusammen, zum Beispiel good – bad. Schreiben Sie dann in die dritte Spalte ein Wort, auf das sich beide Adjektive beziehen können, zum Beispiel good – bad news

good	bad	news
boring		
calm		
wonderful		
bumpy		
tiny		
sunny		
same old		

Abschlusstest Task 2

In den folgenden Sätzen müssen Sie sich zwischen zwei Wörtern entscheiden – eines ist richtig, eines ist falsch. Streichen Sie das falsche Wort durch!

1. Did you have any troube/sorrow finding us?
2. How do you want/like Berlin?
3. Whereabouts/where in the USA are you from?
4. Have you ever been/were you ever to Italy?
5. I heard/listened you are into golf.
6. We have a large room office/an openplan office.
7. Do you often go in foreign countries/abroad?
8. Do you go to the gym/fitness regularly?

Abschlusstest Networking Task 3

Dieser Dialog ist unvollständig: Ergänzen Sie, was Sprecher B sagen könnte. Achten Sie darauf, dass das ganze zu einem in sich geschlossenen Dialog wird!

A: Is there anything you don't eat?
B: (1)
A: Ok, there are a lot of things without fish or seafood on the menu.
B: (2)
A: Is there anything you want me to explain?
B: (3)
A: Oh, that's roast pork with dumplings and gravy, a Bavarian specialty.
B: (4)
A: Oh, yes, I can, I was thinking of having it myself.
B: (5)
A: Great! Me, too. Then we are ready to order …
…
A: How is yours?
B: (6)
A: Mine is a little disappointing, to be honest.
B: (??) (7)
A: How about a dessert?
B: (8)
A: Ok, let's have coffee instead.
…
A: Hans, the bill please!
B: (9)
A: No, no, this is on me.
B: (10)
A: Right, but today I insist: I'll pay.

Abschlusstest Task 4

Kennen Sie sich auf beiden Seiten des Atlantiks aus? Ersetzen Sie das amerikanische durch das englischen Wort!

Excuse me, can you get me a cab? Oh, you mean a	
Where is the nearest gas station?	
Did you see the truck?	
Where is the nearest subway station?	
You look tanned! Were you on vacation?	
Turn left at the traffic circle.	

Abschlusstest Task 5

Übersetzen Sie die folgenden Sätze ins Englische.

1. Möchten Sie uns heute Abend begleiten? Wir gehen essen.
2. Danke, aber leider muss ich dieses Mal absagen. Ich muss morgen früh raus. Ich glaube, ich gehe lieber früh ins Bett.
3. Hast du den neuesten Klatsch schon gehört?
4. Die Gerüchteküche sagt, dass Andrea als Erste entlassen werden wird.
5. Wie geht es Ihren Rückenschmerzen? Viel besser, danke.
6. Kann ich Sie mit dem Auto mitnehmen?
7. Würde es Ihnen etwas ausmachen, die Zahlen noch einmal für mich zu überprüfen?
8. So spät schon! Die Zeit vergeht wie im Flug!

Abschlusstest Task 6

Können Sie ein Sprichwort/Idiom aus den einzelnen Stichwörtern rekonstruieren?

Zum Beispiel: news – No news is good news.

1. cake
2. cloud
3. ears
4. gold
5. weather
6. bird
7. Rome
8. club

Lösungen zum Abschlusstest

Lösung Task 1

good	bad	news
boring	exciting	city, movie
calm	hectic	day, city
wonderful	terrible, awful	food, weather, life, person
bumpy	smooth, calm	flight
tiny	large	room, order
sunny	cloudy, rainy	afternoon, weather
same old	new	colleagues, things

Lösung Task 2

1. trouble; 2. like; 3. whereabouts; 4. have you ever been; 5. heard; 6. openplan office; 7. abroad; 8. gym

Lösung Task 3

1. I'm allergic to fish/seafood.
2. fine/ok
3. Yes please, what is „Schweinebraten mit Knödel"?
4. Can you recommend it?
5. I think I'll have that
6. Excellent/wonderful /very good/very tasty
7. Oh, I'm sorry
8. I'd rather not, I'm really full/Thank you, but I'm full/I couldn't eat anymore
9. Let me get this
10. But next time it will be my turn

Lösung Task 4

Excuse me, can you get me a cab? Oh, you mean a	taxi
Where is the nearest gas station?	petrol/service
Did you see the truck?	lorry
Where is the nearest subway station?	underground, tube
You look tanned! Were you on vacation?	holiday
Turn left at the traffic circle.	roundabout

Lösung Task 5

1. Would you like to join us for a meal this evening?
2. Thank you, but unfortunately I'll have to say no this time. I have to leave very early tomorrow. I think I'd like an early night.
3. Have you heard the latest gossip?
4. Rumor has it that Andrea will be the first to be made redundant.
5. How is your backache? A lot better, thank you!
6. Can I give you a lift?
7. Would you mind checking these figures for me again?
8. Oh, look at the time! Time flies when you are having fun!

Lösung Task 6

1. it's a piece of cake, you can't have the cake an eat it.
2. Every cloud has a silver lining
3. I'm all ears
4. All that glitters is not gold
5. I'm a bit under the weather
6. A bird in the hand is worth two in the bush
7. When in Rome, do as the Romans do
8. Join the club!

Webtipps

Die folgenden Webtipps bieten Ihnen eine Materialfülle, die Ihnen den Einstieg in den Small Talk English erleichtern wird:
http://www.bbc.co.uk/worldservice/learningenglish
Hier gibt es alles: Übungen, Hörbeispiele, Vokabellisten …

http://www.bbc.co.uk/skillswise/words/vocabulary/
Wenn Sie außergewöhnliche Vokabeln suchen … für's Tapezieren … Kinder-, Kranken-, Altenpflege, Schreinern, Installateure, Catering

http://owad.de/
One word a day von Paul Smith. Sie können sich registrieren lassen und bekommen jeden Tag ein Wort zugeschickt, dessen Bedeutung Sie erraten und dann Beispiele mit diesem Wort lesen können. Sehr empfehlenswert!

http://www.spiegel.de/international/
Einige aktuelle Spiegel-Artikel in englischer Übersetzung. Ideale Themen für Small Talk! Auch als Abo-Service möglich, kostenlos.

http://www.breakingnewsenglish.com/
Eigentlich eine Webseite für Englischlehrer mit Lektionen zu aktuellen Themen, aber auch zum Selbstlernen geeignet. Themen wie „Penelope Cruz Make-up Ad faked“ oder „Russion flag claims North Pole riches“ decken reichlich Small Talk-Themen ab. Sie können auf der letzten Seite jedes Files die Lösung nachsehen und sich die Audio-Datei anhören.

Nachwort

Herzlichen Dank an meine Ko-Autorinnen der ersten Business English Bücher, dass ich Ihre Anregungen und die Überreste verwenden durfte, die wir in den gemeinsamen Büchern aus Platzgründen nicht mehr unterbringen konnten. Ein großer Dank geht ebenfalls an Annette Joyce, die mich trotz des Zeitdrucks mit kritischen Anmerkungen und guten Ideen versorgt hat.
Über Ihre Kommentare, Anregungen und Vorschläge zu diesem Buch und den Übungen auf der CD-ROM würde ich mich freuen. Schreiben Sie an den Verlag oder direkt an mich, am besten per E-Mail: lisa@lisasoffice.de.
Wir wünschen Ihnen weiterhin viel Erfolg und alles Gute mit Business English! *Keep it up! I'd love to hear from you!*
Lisa Förster

Die Autorin

Lisa Förster ist Politologin sowie ausgebildete Übersetzerin und Dolmetscherin für Englisch und Französisch. Seit 1990 ist sie auch als Sprachtrainerin tätig. Auch bei Haufe von ihr erschienen: „Die besten Bewerbungsmuster Englisch“, „Karrierefaktor Business English“, „Business English Live“ und „Business English Phrases“.

Sie ist aktiv bei Melta, der Munich English Language Teachers Association, einer Vereinigung für Englischlehrer.

Literatur

Fine, Debra (2005), The fine art of smalltalk, New York, Hyperion.

Förster, L., Gluchowski, D. (2005), Karrierefaktor Business English, Freiburg i. Br.: Haufe.

Förster, L., Kerr-Dineen, C. (2006), Business English Live, Freiburg i. Br.: Haufe.

Förster, L., Kufner S. (2006), Business English. Useful Phrases für alle wichtigen Anlässe, Freiburg i. Br.: Haufe.

Fox, Kate (2005), Watching the English. The hidden rules of English Behaviour, London, Hodder.

Roane, Susan (2003), How to work a room, New York, Robson Books.

Truss, Lynne (2005), Talk to the Hand. The Utter Bloody Rudeness of Everyday Life. London, Profile Books.

Walker, Clare (2000), Socialising for Success, Llandysul, Wales, Crown House Publishing.